Helfen Praxistage bei der Berufswahl?

Lothar Beinke

Helfen Praxistage bei der Berufswahl?

PETER LANG

Frankfurt am Main · Berlin · Bern · Bruxelles · New York · Oxford · Wien

Bibliografische Information der Deutschen Nationalbibliothek
Die Deutsche Nationalbibliothek verzeichnet diese Publikation
in der Deutschen Nationalbibliografie; detaillierte bibliografische
Daten sind im Internet über <http://www.d-nb.de> abrufbar.

Gedruckt auf alterungsbeständigem,
säurefreiem Papier.

ISBN 978-3-631-57907-7

© Peter Lang GmbH
Internationaler Verlag der Wissenschaften
Frankfurt am Main 2008
Alle Rechte vorbehalten.

Printed in Germany 1 2 3 4 5 7

www.peterlang.de

Produktionsähnliche Formen in Schulen
bleiben mehr oder weniger schlechte Imitationen

Udo Müllges: Der Berufsweg in die Industriegesellschaft

Inhaltsverzeichnis

Vorwort

Als nach Einführung des Faches Arbeitslehre zu seiner Unterstützung der schulische Auftrag zur Aufnahme der Berufsorientierung etabliert werden sollte, schlossen sich KMK, BA und Bildungsrat den Vorschlägen des Deutschen Ausschusses an, als tragende Veranstaltungen, Betriebserkundungen und Betriebspraktika einzurichten, die über ihre Grundkonstruktion den Schülern durch Begegnungen und Tätigkeiten in Betrieben der Wirtschaft Eindrücke der Wirtschaftspraxis zu vermitteln. Die Betriebspraktika – nach anfänglichen kontroversen Diskussionen um die zentralen Zielstellungen – haben sich inzwischen in der Regel zwei- bis vierwöchige Formen und in Kombinationen mit ein oder zwei Praktika mit differenzierten Aufgabenspektren als fester Bestandteil in den Schulen – besonders den Haupt- und Realschulen – bewährt, Informationskontakte über Betriebsrealitäten zu vermitteln. Durch den Dreischritt: Vorbereitung, Durchführung, Nachbereitung, konnte erreicht werden, dass die Eindrücke, Erfahrungen und Informationen wegen der Vertrautheit durch die Kontinuität der betrieblichen Präsenz als Bildungsteil der Arbeitslehre im Rahmen der Berufsorientierung stützend wirksam sein können. All dieses erscheint durch die Häppchenkultur von einzelnen „Betrieb- und Praxistagen" nicht erreichbar. Auch nicht die Möglichkeiten des Blockens solcher Tage.

Lothar Beinke

Praxistage und Berufswahl

Eine Bewertung der Schülerbetriebspraktika, wie sie die BIBB-Studie „Beruf fängt in der Schule an" ...[1] vorgelegt hat, sollte im Niedersächsischen Kultusministerium bekannt sein. Sie sollte – zusätzlich zu den von uns gefundenen Ergebnissen – zu einer Überarbeitung des Projektes „Betriebs- oder Praxistage" führen.[2]

Berufsorientierung ist von der Schule dann mißverstanden, wenn ein Berufswahlunterricht
1. so konzipiert ist, dass er allgemein über die Berufsangebote, Berufsstruktur in der Wirtschaft, Chancen von Realisierung der Berufswünsche, Anforderungen und Anforderungsprofilen informiert und die Ergebnisse eines solchen Unterrichts durch Leistungstest abgefragt und bewertet.
2. sie wäre aber auch mißverstanden, wenn sie sich dazu verstünde, eine Sammlung von Eindrücken an zufälligen Praxiskontakten den Schülern und Schülerinnen zu verschaffen.

Der erste Ansatz ließe gerade das vermissen, was für eine erfolgreiche Berufsorientierung grundlegend ist:
– Sie muß konkret sein und sich auf die Schülerberufswünsche konzentrieren.
– Sie muß individuell sein und den jeweils einzelnen Schüler als Adressaten verstehen.

Der zweite Ansatz berücksichtigt zwar deutlich die Individualität der Schüler und deren Bedürfnisse, wäre aber nicht in der Lage, die angebotenen oder zufäl-

---

[1] Berzog, Thomas, in: BIBB, prax S, 4/2003
[2] Die Entwicklung des Modells „Betriebs- oder Praxistage vom niedersächsischen Kultusministerium folgt anscheinend noch immer dem schon beim Erscheinen unzureichend begründeten Vorschlag zur Begründung von Betriebspraktika in dem behauptet wurde, dass durch Zusehen und teilweises learning by doing mehr gelernt werden könne, als bei guten, systematischen, exemplarischen Lernverfahren in der Schule. „Das Betriebspraktikum ermöglicht einen solchen Transfer dadurch, dass es den Schüler aus Lernsituationen des Arbeitslehre-Unterrichts auf Zeit in die Betriebswirklichkeit stellt." Das wird nicht bewiesen.
Es wird ein Transfer behauptet und damit der Beweis für seine Existenz unterstellt. Zwar können Teilnahmen am Betriebspraktikum auch Lernprozesse bewirken, es ist aber im wesentlichen eine ganz andere Lernsituation als der Unterricht bietet. Diese Lernsituationen sind auch nicht immer wieder neu, sie sind nicht immer wieder anders. Betriebspraktikumsschüler vermögen erworbene Kenntnisse dann anzuwenden und zu erproben, wenn sie nicht in die Betriebswirklichkeit gestellt werden, sondern in strukturierte Veranstaltungen. Das widerspricht dem Grundansatz des Lernens in der Praxis.

lig aufgegriffenen Situationen didaktisch zu gestalten. Ein Blick auf die Praxis – selbst ein partielles Tätigwerden in der Praxis – vermag bestenfalls die Oberfläche der Berufs- und Arbeitserscheinungen zu sehen – keinesfalls zu erkennen – und schon gar nicht das Spezifische eines Berufes zu erfassen und von der Bindung an die vorgegebene Betriebsrealität zu abstrahieren.

Die Hoffnung, mit praktischem Lernen – und damit ist überwiegend in der Allgemeinbildung gegenwärtig das Lernen in der Praxis der Arbeitswelt außerhalb der institutionellen Lernverhältnisse in Schulen oder schulähnlichen Einrichtungen gemeint – könnten gegenwärtige strukturelle Probleme, curriculare Probleme, organisatorische Probleme unseres Schulsystems gelöst werden, ist verbreitet.[1] Diese Präferenzen für das praktische Lernen sind derart in Mode gekommen, dass es notwendig ist, einen kritischen Blick nicht nur auf die vorgeschlagenen Verfahren zu werfen, sondern auch die Vorstellungen von dem, *was* gelernt werden soll, deutlicher zu akzentuieren, sollen die geweckten Hoffnungen für die Verbesserung der Berufsorientierung nicht enttäuscht werden.

Dieses „Was" im Sinne des praktischen Lernens wird fast immer apostrophiert mit dem Hinweis darauf, dass solche Lerninhalte, kombiniert mit entsprechend praxisorientierten Lernverfahren, die Berufsorientierungsfähigkeit und die Berufswahlfähigkeit der Schülerinnen und Schüler verbessern helfen. Deshalb darf die Frage nach den Inhalten nicht nur, wie es sonst beim Inhaltsbestimmen im Bildungssystem üblich und richtig ist, von den Bildungsorganisationen, von der Bildungspolitik, d.h. von den Kultusministerien vorgegeben werden. Vielmehr muß versucht werden, gerade dort nach den gewünschten Inhalten zu fragen, wo Inhalte gefordert werden, um Qualifikation zu erlangen, die als Einstiegsqualifikationen von den jungen Menschen gebraucht werden. Können die so recht allgemein bestimmten Inhalte Defizite abbauen helfen, die den Jugendlichen bei der Berufswahl im Wege stehen?

Ohne eine derartige Klärung gilt die Vermutung, dass die Schüler und Schülerinnen für die Berufsausbildung ungenügend vorbereitet die allgemein bildende Schule verlassen.[2] Soweit sind noch keine Inhalte benannt. Dass diese Inhalte

---

[1] Wenn dieser Blick auf das berufliche und vorberufliche Lernen verengt wird, kommt es zu Einseitigkeiten, die den Erfolgen der Lernprozesse zuwider laufen. Lernen aus praktischem Handeln versteht z.B. Dedering nicht als einen einseitigen Lernprozeß, der entweder nur praktisches Lernen oder nur theoretisch-reflexives Lernen kennt. Das sei halbiertes Lernen, es geht also um komplexes Lernen. In den „Betriebs- oder Praxistagen" gibt es kein komplexes Lernen, sondern nur halbiertes, weil der Aufenthalt nicht als Lerneinheit konzipiert ist. (Dedering, Heinz, Pädagogik der Arbeitswelt, Weinheim 1998, S. 95 f.)

[2] Die Kritik an der gegenwärtigen Verfassung der beruflichen Bildung kann hier nur angedeutet werden. Sie ist aber in weiterem Zusammenhang durchaus auch als Problembereich des Praxislernens wichtig. Die Berufsbildung erscheint in der Diskussion auch derart als krisen-

nicht einem festen, unverrückbaren und unveränderbaren Kanon eingepaßt werden können, ist Konsens. Eine Untersuchung aus jüngerer Zeit[1] beschäftigt sich damit was passiert, wenn sich Berufe verändern, Berufe wegfallen und andere Berufe neu geschaffen werden. Das Entstehen neuer Berufe, Veränderung in den Tätigkeitsmerkmalen aller Berufe und das Verschwinden von Berufen, deren Tätigkeiten nicht mehr nachgefragt werden, ist ein ständiger Prozeß, der nicht nach einer versteckten Ordnung, nach geheimen Gesetzmäßigkeiten abläuft. Er wird strukturiert und strukturiert sich selbst in permanenter Auseinandersetzung mit dem technischen Wandel, den sich ändernden Produktions- und Verwaltungsstrukturen und externen (z.B. politischen) Einflüssen und den wachsenden Kontakten mit anderen Volkswirtschaften, und wird nicht determiniert durch das Gesetz historischer Entwicklung. Prognostische Aussagen für die Strukturierung und Bestimmung von Lerninhalten, der Bezug auf z.B. neue Berufe sind damit nicht möglich.

Was fordern jetzt Betriebe, über die Ohse referiert, um diese Entwicklung, die in ihrer Allgemeinaussage keinesfalls falsch ist, durch Bildungsmaßnahmen vorwegzunehmen? Die befragten Betriebe fordern z.B. eine Kombination aus Fachkompetenz, sozialer Kompetenz und personaler Kompetenz. Was aber verbirgt sich dahinter? Zunächst einmal ist festzustellen, dass in dieser allgemeinen und immer wieder weiter ausdifferenzierten Kompetenzdebatte diese Kompetenzen nicht an Inhalten festgemacht werden, so dass die Schüler, wenn ihnen diese Forderungen bekannt werden, nicht für sich entscheiden können, wie sie diese Kompetenzen erwerben können und welche Defizite sie dann belasten, wenn sie diese Kompetenzen nicht erwerben würden.

Beide, Schüler und Ausbilder, sind aber für die Anwendung der Kompetenz an dem einen gleichen Lernort und Lerngegenstand gebunden: den Betrieb. Dort gilt es auch, die Kompetenz zu erwerben und einzusetzen in der Verantwortung beider. Bleiben die Kompetenzerwerbe getrennt, dann bleiben auch Differenzen in deren Einsetzbarkeit. Zwar fordern die unterschiedlichen Vorstellungen von den notwendigen Lernergebnissen zwei unterschiedliche Sichtweisen auf diesen Lerngegenstand Betrieb. Damit sind auch Unterschiede in den Auffassungen von dem Wert der Kompetenzen zu erwarten. Außerdem darf man davon ausgehen, dass die Interessen derjenigen bessere Chancen zur Durchsetzung haben,

---

haft, dass sie eine Herausforderung an die Berufsorientierung stelle – Famulla, Gerd E., Zentrale Herausforderung an die schulische Berufsorientierung, in: Jung, Eberhard, (Hg.) Neue Formen des Übergangs in die Berufsausbildung, S. 17-34, hier S. 22 – und Jung, Eberhard, a.a.O. entwickelt ein Ausbildungs-Übergangs-Modell – in: ders. – in dem der ehemals ausbalancierte Status im Personen-Umwelt-Verhältnis neu eingeregelt werden soll.
[1] vgl. Ohse, Nicole, Qualitätsanforderungen an Schulabgänger, in: Unterricht – Wirtschaft 1/2005, S. 40 f.

die vor Ort im Betrieb vertreten werden. Die Stärkung des Vertreters der anderen Interessen der Schule liegt in der unterrichtlichen Vorbereitung der Probanden und hängt von der Struktur des Zeitbudgets ab, das keinesfalls in extremer Eintageslänge bestehen darf.

Trotzdem werden Vorwürfe an die Schulabgänger gerichtet, die jedoch zum Ende der Schulzeit das gelernt haben und sich dessen vergewissern, was die Schule von ihnen verlangt hat. Wenn die Schüler nicht die genauen Anweisungen der Lehrer befolgen und damit zu anderen Lösungen der Aufgaben kommen, dann ist das eine mangelhafte oder ungenügend bewertete Schülerleistung. Wenn ihnen vorgeworfen wird, sie seien nicht in der Lage, sich selbst zu organisieren oder auch nur kleine Entscheidungen selbst zu treffen[1], so trifft das keinesfalls ihr privates Leben, denn dort können sie das. Insofern ist diese Aussage undifferenziert und damit falsch. Ob später, nach der Schule, eine Übertragbarkeit der Fähigkeiten, die privat mit Erfolg geübt werden, stattfindet, ist von der genannten Untersuchung nicht behandelt worden.

All die genannten Vorwürfe werden in einem Atemzug mit der Forderung gestellt, die Schule der Zukunft sollte ein höheres Maß an Praxisnähe zur Vermittlung der Fachinhalte anstreben. Jetzt kämen also die Fachinhalte ins Spiel.

Das Lernen durch praktische Arbeit ist in der Diskussion um die Begründung um die Gestaltung des Faches Arbeitslehre von Heinrich Abel eingebracht worden. Die technische Arbeitslehre sei nicht als ein Werken im Sinne freien Gestaltens, sondern als gebundenes, auf fachgerechten Vollzug gerichtetes, praktisches Tun[2] und die pädagogisch-didaktische Aufgabe im Aufbau einer Lehre von der Arbeit in der maschinellen Welt bestehe darin, im Rhythmus der beruflichen Tätigkeit alle Zweige der Berufstätigkeit einzubeziehen.
Die Lehre von der Arbeit sei als „Kunde" und auch im Selbsttun zum Erwerb grundlegender Fertigkeiten und Einsichten zu praktizieren. Daraus leitet Hendricks ab, dass „die Interpretation der Arbeitslehre als elementare praktische Arbeit... verantwortlich ist für die Mängel des Konzeptes des Deutschen Ausschusses"[3]. Diese Interpretation habe ihre Basis in dem Versuch, die Konzeption Kerschensteiners von einem handwerklichen Arbeitsunterricht in die Arbeitslehre zu übernehmen.
„Durch die Beschränkung der Arbeitslehre auf primär-praktische, manuelle Tätigkeiten werden wesentliche Dimensionen der modernen Industriegesellschaft ausgespart. In einer Zeit jedoch, in der die manuelle Arbeit in jeder Hinsicht an Bedeutung verliert, muß die vom DA intendierte Arbeitslehre anachronistische

---

[1] Wir kommen auf diese Vorwürfe unten zurück
[2] Abel, Heinrich, in: Gutachten des Deutschen Ausschusses, in: Hendricks, a.a.O., S. 34
[3] Hendricks, Wilfried, Arbeitslehre in der Bundesrepublik Deutschland, Ravensberg 1997

Wirkungen zeitigen. Überhaupt spielen gegenüber der praktischen Arbeit andere Aspekte der Industriegesellschaft nur rudimentäre Rollen: Die Wirtschaft, verkürzt auf betriebswirtschaftliche Kalkulationen, wird als Annex der praktischen Arbeit dargestellt."[1]

Zu den Versuchen, die wir am Beispiel Niedersachsen vorgestellt haben, den Bezug zur praktischen Arbeit wieder aufzunehmen und didaktisch zu bestimmen, ist unseres Wissens von Reinhold Hedtke bereits 2000 eine kritisch-skeptische Distanz geäußert worden[2], der eine kritische Reflexion von Gerhard Duismann folgte.[3] Aber aus dem Erlaß gibt es keinen Hinweis darauf, dass solche kritischen Haltungen überhaupt bekannt sind. Weder eine Wirkung zur Revision des Ansatzes der aktiven Kultusbürokratie noch eine verteidigende und erläuternde Stellungnahme ist festzustellen. Im Gegenteil: Das niedersächsische Kultusministerium hat über eine Befragungsaktion versucht, die offenbar den erfolgreichen Start über eher suggestive Internetbefragung der per Erlaß verpflichteten Schulen bei interner Eigenauswertung zu „belegen". (Es ist nicht einmal feststellbar, wie weit aus dem DDR-Unterricht der Polytechnischen Erziehung der „Tag in der Produktion" Pate gestanden hat, der der Erziehung einer sozialistischen Persönlichkeit dienen sollte. In Wikipedia wird dessen Wiedergeburt aber inzwischen gebührend gefeiert.)[4]

Die oben erwähnten kritischen Stimmen von Hedtke und Duismann scheinen uns geeignet, unsere Skepsis gegenüber der intendierten Wirksamkeit zu einer realitätsbezogenen Berufsorientierung zu stützen.

Mit einer Portion Ironie stellt Hedtke[5] aus der Sicht des pädagogischen und bildungspolitischen Diskurses, aber auch aus der Sicht der an Praktika und praktischen Arbeiten Teilnehmenden fest, dass es nie genügend Praxisbezug – oft verbunden mit der Zielsetzung der Berufsorientierung – geben könne.[6] „Das diffuse Objekt ‚Praxisbezug' scheint ein universell knappes Gut zu sein, weil das Bedürfnis danach als unbegrenzt empfunden wird."[7] Daraus folge, dass das Bedürfnis nach Praxisbezug – wie bei der Befriedigung der Bedürfnisse von Gütern und Dienstleistungen – wächst, besonders, wenn die Befriedigung aus öffentli-

---

[1] ebenda, S. 35
[2] s. unten in diesem Beitrag
[3] s. unten in diesem Beitrag
[4] s. dazu auch das Kapitel V in diesem Bande, S. 47 ff.
[5] Hedtke, Reinhold, Das unstillbare Verlangen nach Praxisbezug, zum Theorie-Praxis-Problem der Lehrerbildung am Exempel schulpraktischer Studien, in: Schlösser, Hans Jürgen, Berufsorientierung am Arbeitsmarkt, Berg. Gladbach 2000, S. 67-92
[6] ebenda, S. 72
[7] ebenda

chen Mitteln zur Verfügung gestellt werden kann. „Dem Bedürfnis nach Praxisbezug wird eine natürliche Dignität zugeschrieben."[1] Es finde aber keine Reflexion darüber statt, ob es vielleicht ein überzogenes oder gar pathologisches Bedürfnis nach Praxisbezug gebe. Hedtke nennt das eine Naturalisierung des Praxisbedürfnisses.

Beweise dafür, dass nämlich in entsprechenden Veranstaltungen der Praxisbezug gelungen sei, gibt es zwar „...aus dem kommunikativ hergestellten Urteil der Theoretiker beider Grade" (Dozenten und Studierenden in diesem Fall oder Lehrer und Schüler), die aber beide keine empirischen Belege anführen können. „Praxis wird zu einem diskursiven Produkt der Theorie."[2]

Wenn Schüler an industrielle Fertigungsverfahren – bei handwerklichen dürfte das im Prinzip genauso wirken wie bei kaufmännischen – durch praktische Arbeiten herangeführt werden sollen, dann kann es sich ausschließlich um eine Orientierung an technischen Vorgängen handeln.[3] In all diesen Fällen wird übersehen, dass die maschinellen Anlagen und technischen Möglichkeiten von betriebswirtschaftlicher Rationalität umgriffen werden. Das bewirkt, dass die praktischen Arbeiten ohne Zusammenhang für die Schüler erscheinen und damit wesentliche Teile des Betriebsgeschehens ausgeblendet bleiben. Ein solches Verfahren bleibt deswegen insgesamt defizitär.

Das gilt auch, wenn diese Praxiskontakte in dem zur Berufsorientierung organisierten Betriebspraktikum vermittelt werden sollen. Die Wirkung eines Betriebspraktikums kann noch keinen unterrichtlichen Erfolg garantieren nur weil es durchgeführt wurde. „Prinzipien und Strukturen unserer Arbeits- und Wirtschaftswelt stellen sich nicht von selbst dar. Sie müssen erschlossen werden."[4] [5]

---

[1] ebenda

[2] ebenda, S. 73

[3] vgl. Ott, Heinz K., Die Bedeutung der betriebswirtschaftlichen Dimension in: Golas, Heinz G., Didaktik der Wirtschaftslehre, München 1973, S. 108

[4] Groth, Georg/Werner, Peter, Die Zukunft des Unterrichtsmediums Betriebspraktikum für Schüler, in: Betriebspraktikum für Schüler, Weinheim/Berlin/Basel 1971, S. 119

[5] Die Diskussion um das Betriebspraktikum ist an anderer Stelle intensiv geführt worden, auf sie sei hiermit verwiesen – z.B. vom Verfasser „Das Betriebspraktikum", Bad Heilbrunn, 2. Aufl. 1978, und „Die Bedeutsamkeit von Betriebspraktika für die Berufsentscheidung", zusammen mit Heike Richter und Elisabeth Schuld, Bad Honnef 1996. Der von Gattermann – Gattermann, Heinz, Arbeitslehre im Sekundarbereich I, Bd. 2, Betriebspraktikum, Hannover, Dortmund, Darmstadt, Berlin 1974 – behauptete Transfer von Lernergebnissen vom Praktikum in den Unterricht ist als schlicht einzustufen und scheidet damit aus wissenschaftlichen Diskussionen um das Betriebspraktikum aus.

Gerhard Duismann[1] fragt, ob die „Konjunktur" der Betriebspraxistage in Betrieben die „Girls-Days" in Berufsschulen, „Werkstatt-Schulen", Lernbüros, Junior-Firmen, Schülerfirmen und Produktionsschulen den

– beträchtlichen Zeitaufwand rechtfertigen und
– ob sich auch wirklich Lernen mit den üblichen Zielsetzungen erreichen lasse.

Ersetzt z.b. die im praktischen Tun in Betrieben gewonnene Erfahrung das systematische Lernen in der Schule? Wenn man das nicht annehmen darf, wenn es dafür keine Belege gibt, kann man dann rechtfertigen, dass ein Teil der Unterrichtszeit durch praktisches Tun in Betrieben oder an anderen Orten außerhalb der Schule ersetzt wird? „Kann praktisches Handeln – das ja oft nur dilettantisches Hantieren ist – denkendes, reflektierendes Lernen ersetzen?"[2]

Was kann in der Praxis eigentlich gelernt werden und welche Relevanz hat dieses Lernen für die Allgemeinbildung?

Duismann versucht eine Antwort im Rückgriff auf die Einführung der allgemeinen Schulpflicht. Mit der Tätigkeit im damaligen Sinne von notwendiger Kinderarbeit in privaten Haushalten und in Betrieben mit dem praktischen Tun und dem Erfahrungssammeln konnten nicht mehr die Kenntnisse und Fertigkeiten gelernt werden, die zur Bewältigung des Lebens erforderlich waren.[3] Nach dem Beginn der Schulpflicht, die also davon ausging, dass das learning by doing in Haushalten und Betrieben weder für die allgemeine Bewältigung der Lebenspraxis, noch für die Bewältigung beruflicher Anforderungen ausreichend war, galt das schulische Lernen als das erfolgreichere und effizientere. Aber schon bald setzte gegen die Schule wegen ihrer Praxisferne Kritik ein[4].

Reformansätze zur Verbindung von Lernen und Arbeit haben sich weder in der Reformpädagogik noch später in Deutschland durchgesetzt.

Trotz des starken Praxisbezuges, den die Arbeitslehre seit ihrer Einführung realisieren konnte, sind die Erwartungen hinsichtlich des Erwerbs von Kompetenzen und Einstellungen nicht eingelöst worden. Allerdings tauchen in den Mängelkatalogen und den Forderungen von Unternehmerseite im Kontext der beruf-

---

[1] vgl. Duismann, Gerhard H., Holt die (betriebliche) Arbeitspraxis die Arbeitslehre ein? In: GATWU – Forum, 2/2003, S. 36 - 41

[2] ebenda, S. 36

[3] Duismann erwähnt, dass es in zweiter Linie auch darum ging, die gestiegenen beruflichen Anforderungen erfüllen zu können.

[4] vgl. dazu Oelkers, Jürgen, Theorie der Erziehung, Weinheim/Basel 2001, der die Etablierung der pädagogischen Provinz in unser Bildungssystem attackierte.

lichen Bildung keine mangelnden praktischen Kompetenzen auf, wohl aber gebe es nach diesen Katalogen gravierende Mängel in vielen anderen klassischen und vielleicht „unpraktischen" Unterrichtsfächern.

So steht immer noch die von Fingerle erhobene Frage im Raum, wie man mit der „logischen Erschleichung" umgehen wolle, wenn für die Arbeitslehre das praktische Tun als notwendige Verstärkung zur Erreichung der Unterrichtsziele des Faches gefordert werde, andererseits aber für den Sexualkundeunterricht diese Forderung nicht erhoben werde, in diesem Fach also eine Verstärkung des Lernerfolges durch Praxis als nicht zieladäquat eingeschätzt wird. Und Gerdsmeier weist darauf hin[1], dass die technische und wirtschaftliche Funktionsweise eines Betriebes heute zunehmend nicht mehr anschaulich ist und deshalb schon in der Praxis die Konsequenzen gezogen werden über diejenigen Bereiche eines Unternehmens, deren unmittelbarer Zugang zur Realität nicht mehr möglich ist, durch Informationsmöglichkeiten an Wirklichkeitssurrogaten zu ersetzen. Er unterstreicht ferner, dass die Wahrnehmungsrichtung und das Interesse der Schüler nur befristet und in begrenztem Umfang gelenkt werden könne, also eine direkte Wirkung der Realität als Bildungsgut nicht unterstellt werden kann.

Zwar werden die Informationen über Berufe für die Schüler besonders aus Betriebspraktika gewonnen, „... weil sie (die Betriebspraktika – LB.) sich von anderen auf Praxis ausgerichtete Aktivitäten, die Beratung, Besuche von Informationszentren, Betriebserkundungen usw. schon aufgrund ihrer zeitlichen Länge von bis zu drei Wochen und mehr abheben."[2] Damit aber ist über den konkreten Nutzen noch kein abschließendes Urteil möglich, da der von einer Vielzahl von Faktoren abhängt. Wenn dennoch die Erwartungen an Schülerbetriebspraktika von Seiten der Beteiligten hoch sind, gilt es zu bedenken, dass teilweise skeptische Positionen offen bleiben. Das heißt, das Kennenlernen von Praxis und das Lernen in Praxis ist selbst dann schwierig, wenn diese Praxis über eine längere Zeit organisiert und erfahren wird.

Ja, auch in diesen, eigentlich herausragenden Möglichkeiten zum Erfahrungssammeln von Informationen, die der Berufsorientierung dienen können, hänge vieles vom Zufall ab, welchen „konkreten Eindruck der Jugendliche vom Beruf bekommt". Der Erfolg hängt außerdem nicht unwesentlich von der Kommunikation zwischen Schule und Betrieb ab. Darin liegt wohl auch die Notwendig-

---

[1] vgl. Gerdsmeier, Gerhard, Die Betriebserkundung in der didaktischen Diskussion, in: Beinke, Lothar (Hg.), Betriebserkundungen, Bad Heilbrunn 1980, S. 21

[2] vgl. Berzog, Thomas, BIBB-Forschungsprojekt „Beruf fängt in der Schule an" S. 2

keit begründet, die Berufswunschkontrolle als „wichtigste Schülererwartung" einlösen.[1]

Andere kritischen Anmerkungen von Berzog, die er zum Betriebspraktikum macht, sind bei Praxistagen noch stärker negativ herauszustellen, denn die positiven Wirkungen werden überwiegend durch die Länge und den Zusammenhang der im Betrieb erlebten Praxis legt. Eine gute Vorbereitung auf die Betriebe ist bei Praxistagen noch weit schwieriger als in den Betriebspraktika.

In seinem Fazit kommt Berzog zu dem Ergebnis, dass eine Berufsorientierung in der Schule nicht mehr ausschließlich auf ein Hineinschnuppern in die Arbeitswelt beschränkt werden dürfe. Angewendet auf die Betriebs- oder Praxistage bedeutet das, dass Berufsorientierung durch sie eigentlich in dem notwendigen ernsthaften Sinne gar nicht geleistet werden kann. Auch wenn ein Mehr an Praxiselementen sehr hilfreich sein kann und Realbegegnungen Einsichten in Arbeits- und Wirtschaftwelt befördern,[2] sind sie ohne eine Berücksichtigung weiterer Informationen in einen vernetzten Zusammenhang begrenzt in ihrer Wirksamkeit. Eine Chance böte die von Kaminski vorgeschlagene Einbindung in eine allgemeine ökonomische Bildung.

Gerade die sonst im Unterrichtsgeschehen vorausgesetzte Planung zur Erzielung einer möglichst hohen Effizienz dieses Unterrichtes läßt sich in der Praxis[3] nicht realisieren. Auch die Bemerkungen von Schneidewind[4], dass die Komplexität eines Betriebes zunächst zwar eine besondere Faszination ausübe und deshalb gerade die Praxis von den Schülern zu Beginn mit Begeisterung aufgesucht werde, dann aber gerade wegen der Komplexität nach wenigen Tagen Einblick in die Praxis nun doch lieber (in dem von Schneidewind angeführten Beispiel in einer Ausbildungswerkstätte) das betriebliche Geschehen eher in einer systematisierten Vorbereitung und Begleitung verstehen lernen wollte, reflektieren die Schwierigkeiten von Lernerfolgen in nicht für Lernprozesse aufgearbeitete Realsituationen. „Man sah Maschinenteile, die zu neuen Großeinheiten zusammengefügt wurden, die man bislang auch nicht in Umrissen kennengelernt hatte ... Hydraulisches Ventilspiel wurde vergeblich mit den Kenntnissen aus dem eige-

---

[1] Beywel, Wolfgang/Friedrich, Horst/Geise, Wolfgang, Evaluation von Berufswahlvorbereitung, Opladen 1987, S. 255
[2] vgl. Kaminski, Hans, Problemfelder für die Entwicklung der ökonomischen Bildung im deutschen allgemein bildenden Schulwesen, in: ders./Krol, Gerd-Jan (Hg.), Ökonomische Bildung, Bad Heilbrunn 2008, S. 62
[3] vgl. ebenda, S. 20
[4] Schneidewind, K., Orientierungsmuster – Voraussetzung für ein Lernen im Betrieb, in: Schneidewind/Johansson (Hg.), Das betriebspraktische Seminar, Düsseldorf 1984, S. 10

nen Physikunterricht in Verbindung gebracht."[1] In der Ausbildungswerkstatt, die dann präferiert wurde, so schließt Schneidewind seine Betrachtungen, vermuteten Teilnehmer eines Seminars, einen größeren Überblick und Einblick zu gewinnen.

Auch der – wenigstens in bedeutsamen Teilen der Berufsausbildung –im Dualen System eingeschlagene Weg zur Einrichtung einer Lehrwerkstatt zumindest in den Anfängen der Ausbildung im ersten Jahr als Reaktionen der Praxis zur Minderung von Defiziten in der betrieblichen Bildung, weist auf die begrenzten Möglichkeiten der unmittelbaren Bildungsgewinne durch Konfrontation mit der Realität hin. Und Hans K. Platte[2] fordert, die Organisierung von Betriebspraktika davon abhängig zu machen, ob die Lern- und Erfahrungsergebnisse überzeugend im Zusammenhang mit praktischen Arbeiten oder vielleicht im Unterricht – medial unterstützt – besser vermittelbar sind.

Aus der Totalität und Komplexität eines Betriebes ergibt sich, dass Betriebssituationen nicht mit Ausbildungsveranstaltungen vergleichbar sind. Im ersteren wird ein Lernen aus und im Umgang mit akuten Lebenssituationen unterstellt, das sich aber eher lediglich nur eine Nachahmung als mindere Form eines Lernprozesses vorstellt.

Das zweite Problemfeld heißt, ein Praktikum statt der unmittelbaren Praxis zu wählen und es wirklich so zu gestalten, dass seine spezifischen Stärken genutzt und sich nicht aus der unmittelbaren praktischen Anschauung ergebende Fragen abgeleitet werden können. Dazu scheint aber, - folgt man Schneidewind – „das Aufsuchen des Lernortes Betrieb … kaum notwendig."[3] Ein Betriebspraktikum erscheint also weder geeignet, in platter Konfrontation Erfahrungen, Kenntnisse und Erkenntnisse zu übertragen, noch scheint es geeignet, Antworten auf „Telefonfragen" herauszuholen, denn „Telefonfragen" sind Informationsmöglichkeiten, Experten in den Betrieben per Telefonanruf – heute per Fax oder E-mail – noch spezielle Fragen zu kontaktieren. Diese letzte Beurteilung hat sich als überspitzt erwiesen. Allerdings lehrt es uns, dass Betriebspraktika nicht naiv als Bildungsveranstaltung mit eigenem selbstverständlich eintretendem Erfolg einzuschätzen sind und gleichzeitig zu erwarten, dass ihr Erfolg auch im Sinne ihrer pädagogischen Zielsetzung gefordert werden kann.[4]

Praktisches Arbeiten, ob in Betriebspraktika und an Praxistagen, kann nur sinnvoll eingesetzt werden, wenn es die Problembereiche – d.h. diejenigen Bereiche, die ihrem Charakter nach ohne fruchtbaren pädagogischen Ansatz bleiben müs-

---

[1] ebenda, S. 11
[2] Platte, H. K., Lernen vor Ort, Bonn 1986, S. 11
[3] Schneidewind, a.a.O., S. 14
[4] vgl. auch mein Urteil über Praktika in: Das Betriebspraktikum, Bad Heilbrunn, 2. Aufl. 1978

sen – vermeidet. Es gilt, Zusammenhänge zu zeigen, da nur auf diese Weise die gesammelten Informationen die Möglichkeit verschaffen, durch die Oberfläche der Erscheinungen zu dringen.

Es gilt zu beachten: Praktisches Arbeiten darf man nicht aus seiner reinen Konfrontation wirken lassen. Es besteht sonst die Gefahr falscher Generalisierungen von Erlebnissen und erworbenem Wissen im Betrieb. Die Erwartung, den Schüler durch eigene Arbeit die Berufsanforderung und seine Berufseignung erkennen und vergleichen zu lassen, ist unrealistisch, ja unter Umständen gefährlich. Die restringierte Arbeitsmöglichkeit des Schülers bedarf der gründlichen Reflexion, um nicht zu Fehleinschätzungen der eigenen Neigung zu führen. Ohne Reflexion der eigenen Arbeitserfahrungen können keine Erkenntnisse im Prozeß der Berufswahl gewonnen werden. Für das Praktikum trifft zu: eine Reihe von Kenntnissen sind eben nicht aus der unmittelbaren Anschauung oder dem eigentlichen praktischen Tun zu erwerben, sondern lediglich abstrakt-theoretisch, d.h. in Unterrichtsveranstaltungen. Deshalb sind z.B. Großbetriebe zu eigenen Lehrwerkstätten übergegangen. Die Lehrwerkstätten isolieren sich von der unmittelbaren Produktion, die immer einer bestimmten sachlichen Systematik und einer Auftragsgebundenheit unterliegen. Sie vermitteln nach Ausbildungsplänen die für einen breiten Ausbildungsberuf wichtigen Erkenntnisse, Fähigkeiten und Fertigkeiten.

Produktionsähnliche Formen in Schulen bleiben nur mehr oder weniger schlechte Imitationen. „Wirklich arbeiten lernt man erst an Ort und Stelle des Produktionsprozesses... Arbeiten ist nicht *vor* dem Beruf, sondern *in* dem Beruf zu erlernen."[1]
Vor diesem Diktum sollten die Aktivitäten zur Gründung von Schülerfirmen,[2] die im Erlaß der „Betriebs- oder Praxistage" auch mit vorgesehen sind, distanziert betrachtet werden, in denen oft nicht betriebliche Praxis, sondern Simulation betrieblicher Praxis durch Nichtpraktiker im Sinne von Duismans dilettantischem Hantieren betrieben wird.
Da Kenntnisse und Fertigkeiten nicht in einem isolierbaren Raum vermittelt werden können, sondern nur im Zusammenhang mit der Aufgabe, wozu sie gebraucht werden, und nur in der Einbettung in das fließende Lebensganze (Berufsganze) ist auch das Lernen durch praktische Tätigkeit nur unter diesen Bedenken zu diskutieren. Besonders, wenn man von ihm die Einlösung eines allgemeinen Bildungsanspruchs erwartet.

---

[1] vgl. Müllges, Udo, Der Berufsweg in der Industriegesellschaft, in: DBFSch 5/1967, S. 329. Das ist durchaus mit der Konstruktion des praktischen Lernens in den „Betriebs- oder Praxistagen" vergleichbar.
[2] Die Einrichtung von Schülerfirmen behandeln wir in diesem Buch in einem besonderen Kapitel.

Zur Konzeption der Betriebs- oder Praxistage[1]

Eine junge Variante zu den Vorgaben der Kultusministerien und Kultussenaten der Bundesländer zum Thema Berufsorientierung oder auch zur Thematik des Berufswahlunterrichts oder der Berufswahlhilfe sind die Praxistage. Die Bundesländer, in denen Praxistage zur Verbesserung der Berufsorientierung vorgegeben werden, haben keine einheitliche Form dieser unterstützenden Maßnahmen entwickelt.[2] Hier wird aus diesem Grunde exemplarisch das Modell aus dem niedersächsischen Kultusministerium genommen,[3] ergänzt um einige Hinweise zu dem Modell der Praxistage in Hessen und in Sachsen-Anhalt. Betriebs- und Praxistage sind danach Elemente der Berufsorientierung. Sie nehmen die Kernaufgabe der Hauptschule auf: Den erfolgreichen Übergang der Schüler in die Berufswelt in enger Zusammenarbeit mit den berufsbildenden Schulen mit Betrieben sicherzustellen.

Für das Land Niedersachsen hat das Kultusministerium seinen Hauptschulen für die Schuljahre 8 und 9 an 60 bis 80 Tagen (je nach Wahl der Schule) berufsorientierende Maßnahmen mit Hilfe solcher Betriebs- und Praxistage einzurichten und damit den Berufsbezug, dem diese Schulart besonders verbunden sein soll, zu verstärken. Innerhalb des Gesamtrahmens der berufsorientierenden Maßnahmen haben die Betriebs- oder Praxistage einen besonderen Stellenwert. Für die Betriebe in der Zusammenarbeit mit der Schule gilt das Ziel, mit zusätzlichen Maßnahmen das Praxislernen aufzunehmen und auszuweiten. Dabei sollen die Schülerinnen und Schüler bessere und tiefere Kenntnisse über die betrieblichen Abläufe und die wirtschaftlichen Zusammenhänge erhalten, was offenbar als ergänzende Festigung der Berufsorientierung gedacht ist. Das Land Niedersachsen hat zur Realisierung drei Modelle entwickelt und die Realisierung den Schulen überlassen, wie auch die Ausgestaltung dieser berufsorientierenden Maßnahmen weitgehend den Einzelinitiativen der Schulen überlassen wurde.
- Das Klassenlehrermodell: Dabei übernimmt der Klassenlehrer die Organisation und die inhaltliche Bestimmung der Praxistage, besonders für die Anfangsphase, in der die kontinuierliche Betreuung durch eine vertraute Bezugsperson notwendig ist. Der Klassenlehrer soll dabei in einer Person die unterrichtliche Verzahnung der Fächer Deutsch und/oder Mathematik und Wirtschaft erreichen, für diese Thematik also die Fä-

---

[1] Grundsatzerlaß zur Arbeit in der Hauptschule des niedersächsischen MK vom 3. Februar 2004
[2] Eine Liste über die bisher bekannten Regelungen über Praxistage in den Bundesländern ist diesem Kapitel angefügt.
[3] Vorläufige Handreichung der Betriebs- oder Praxistage an Hauptschulen des niedersächsischen Kultusministeriums Hannover 2005. Die hier vorgelegte Darstellung ist diesen Handreichungen auszugsweise entnommen.

chergrenzen aufheben.[1] Damit soll außer den berufsorientierenden Maßnahmen auch eine stärkere Verzahnung des Fachunterrichts mit dem Erfahrungslernen in einem betrieblichen Umfeld bzw. mit praktischen Arbeiten erreicht werden.

- Das Fachlehrermodell: Dabei sollen betriebs- oder Praxistage eine stärkere Verzahnung des Fachunterrichtes mit dem Erfahrungslernen in einem betrieblichen Umfeld erreichen. Nach diesem Modell kann die Fachkompetenz der Lehrer den Schülerinnen und Schülern zur Klärung und Vertiefung der Fachfragen helfen, die im Betrieb zw. In den berufsbildenden Schulen oder im Schulprojekt der fachlichen Erläuterung bedürfen. Dabei erhalten diese Lehrer in ihrer Zusammenarbeit und in der gemeinsamen Zielrichtung ihrer Arbeit über die Informationen Einblicke über ausbildungsrelevante Inhalte ihres Fachunterrichts.

- Das Ganztagsmodell: Dieses Modell kann eine besondere Variante in Ganztagsschulen sein. Die Schulen können für die Betriebs- oder Praxistage den Gesamtablauf der darin eingeschlossenen Unterrichtstage ergänzen durch besondere Förderangebote im Rahmen von Arbeits- und Übungsstunden zur Verbesserung der fachlichen Leistungen, und sozialpädagogische Angebote zur Stabilisierung des Lern- und Leistungsverhaltens, ebenso wie außerunterrichtliche Maßnahmen zur Vertiefung der Berufsorientierung, sind in dieser Form möglich. Die Wahrnehmung dieses Angebots ist für die Schüler grundsätzlich freiwillig.

Die Darstellung des niedersächsischen Modells zeigt, dass die Vorschläge erst bis zu einem vagen Konzept für die neue Form unter Einschluß der Betriebs- oder Praxistage gekommen sind. Deshalb ist jetzt nach der Einführung zum Schuljahr 2005/2006 eine Bestandsaufnahme vorgesehen, in der die Schulen ihre Erfahrungen einbringen sollen. Vermutlich soll aus der Sammlung der Einzelerfahrungen dann eine Vorgabe für die Integration dieser berufsorientierenden Maßnahmen unter Einschluß der Betriebs- oder Praxistage vorgenommen werden. Erst dann gäbe es einen curricularen Ansatz der Betriebs- oder Praxistage.[2]

Bisherige Hilfestellung des Ministeriums in der Form der Handreichung bleiben – wie zu vermuten nach den Vorgaben durch den zitierten Erlaß – recht vage.

Die Arbeit als didaktischer Kern in der Hauptschule soll die Stärkung der Ausbildungsfähigkeit herstellen. Um dieses Ziel zu erreichen, soll der Fachunterricht mit praktischen Erfahrungen in Betrieben und in Berufsbildenden Schulen verbunden werden.

---

[1] Dieser Klassenlehrer wird also diese Fächer notwendigerweise selbst unterrichten müssen
[2] Die Erhebung ist noch nicht abgeschlossen

Dafür sind sogenannte Betriebs- oder Praxistage (BPT) einmal wöchentlich in den Jahrgängen 8 und 9 (ca. 60 BPT/Jahr) eingerichtet. Diese BPT sollen systematisch mit dem Fachunterricht verknüpft oder in Projekten durchgeführt werden.

Das bedeutete, dass schulische Lehr-/Lernarrangements mit einer Verbindung zu Unternehmen oder Berufsschulen den Zielsetzungen und dem Anliegen der Praxistage gerecht werden zu müssen. Auch Schülerfirmen als unternehmenspraktisches Lehr-/Lernarrangement sind möglich. BPT müssen mit dem Fachunterricht systematisch verbunden sein.

Eine Präzisierung für die Berufsorientierung an der Hauptschule und für die Institutionalisierung der Betriebs- oder Praxistage in diesem Rahmen wurde durch den Rund-Erlass des niedersächsischen MK vom 4.8.2004 zur Berufsorientierung vorgenommen. Danach können folgende Möglichkeiten für die Berufsorientierung vorgesehen werden:

Nach dem Erlaß können Betriebs- oder Praxistage in Betrieben, Lehrwerkstätten oder in berufsbildenden Schulen stattfinden oder – soweit vorhanden – in geeigneten Fachräumen durchgeführt werden. Betriebs- oder Praxistage sollen zu einer weitgehenden Verzahnung des Fachunterrichts mit dem praktischen Lernen führen.

Die BPT sind ein didaktischer Ansatz mit der Intention, die Berufswahlreife und die Ausbildungsfähigkeit der Schülerinnen und Schüler zu steigern. Zu diesem Ansatz gehören unterschiedliche Elemente: der Tag im Betrieb, der Kontakt mit Patenbetrieben, Zusammenarbeit mit den Berufsschulen, Schülerfirmen, Projekte und der Fachunterricht. Im Rahmen eines Gesamtkonzepts müssen die genannten Elemente miteinander verknüpft werden.

Die Bundesagentur für Arbeit (BA) hat auch zu dieser neue Initiative aufgenommen und strukturelle Vorschläge vorgelegt. Sie sind niedergelegt in einem Papier zur Vorlage bei der KMK.

Die Formulierungen der BA für die KMK wiederholen Allgemeines,[1] bisher auch schon für die Schule Angefordertes. So soll die Schule die Schüler unterstützen, in Kooperation mit der regionalen Wirtschaft über die Praktika und andere betriebliche Kontakte, reale Einblicke in die Arbeitswelt zu bekommen. Methodisches Hilfsmittel dazu: Dokumentation des erreichten Standes der Berufswahlforderung, damit die Berufswahlentscheidung bei Bewerbungen und für alle Beteiligten transparent gemacht werden kann. Es fragt sich, ob die Bundes-

---

[1] Aus der BA 2004 ein Papier, das der ständigen Konferenz der Kultusminister der Länder vorgelegt wurde, S. 4-9

anstalt für Arbeit ein geeigneter Partner für die Konzeption der Praxistage sein kann.

Dass die BA in schulischen Veranstaltungen über die Anforderungen des Arbeitslebens, die Berufe und die Situation auf dem Arbeits- und Ausbildungsmarkt informiert, dürften die BA ebenso überfordern (besonders den Berufsberater, der sich kaum auf eigene Erfahrungen stützen wird) wie die BIZ. Für die Medien brauchen die Schüler nicht die Berufsberatung.

Stellungnahme zur Erhebung zur „Umsetzung der Betriebs- oder Praxistage an Hauptschulen" des NK – Brief vom 12.2.07

Das MK Niedersachsen zeigte sich zunächst scheinbar forsch. Quantitativ war das auch begründet. Die Zahl der Tage, die die Schulen für den Praxiskontakt zur Berufsorientierung zur Verfügung bekamen, erscheint fast dramatisch. Das breite Spektrum an Realisierungsvorschlägen weckte allerdings Zurückhaltung. Allein die Vielzahl der Alternativen deuteten auf wenig inhaltliche Vorstellungen und Vorgaben. Um diesen Mangel auszugleichen, erhielten die Schulen dann recht umfangreiche Handreichungen mit teilweise detaillierten Vorgaben. Die Handreichungen für Betriebs- oder Praxistage an Hauptschulen des niedersächsischen Kultusministeriums versuchten zu begründen, warum das Lernen in der Praxis geeignet sei, die Berufsorientierung zu erleichtern, d.h. das Lernen von Berufsinhaltsalternativen, -belastung, -verhaltensanspruch, -rollenvorgaben ermöglichen. „Als roter Faden zieht sich die individuelle Betreuung der Schülerinnen und Schüler bei den Betriebs- oder Praxistagen durch die Handreichung. Durch sie kann der hohe Anteil des Praxislernens der Schülerinnen und Schüler in den Betrieben, Berufsbildenden Schulen und in berufsorientierenden Schulprojekten zu einem wirksamen Förderinstrument in der Ausbildungsfähigkeit entwickelt werden."[1]

Scheinbar wird in diesem Absatz die Möglichkeit zum erfolgreichen Praxislernen erläutert. Doch die Darstellungen sind hinsichtlich der Genauigkeit der Wirkungsmöglichkeiten eher sehr zurückhaltend.
Es wird eine individuelle Betreuung in den Betriebs- oder Praxistagen vorausgesetzt, die in Permanenz (roter Faden) erwartet wird. Durch diese individuelle Betreuung erst kann der hohe Anteil des Praxislernens entwickelt werden. Er kann und muß erst entwickelt werden, zwei Dinge, die die Lernbarkeit von Praxis eher fraglich erscheinen lassen.
Vor diesem schwankenden Einstieg erscheint die Aktion, die vielen Realisierungen der betroffenen Schulen in einer Erhebung zu erfassen und daraus das bisher

---

[1] ebenda, S. 4

vermißte Modell zu konstruieren, geradezu als Zeichen der doppelten Hilflosigkeit.
Die ersten Fragen beziehen sich auf die Absicht bei der Einführung dieser Tage, den Schulen eine Experimentierzeit zu gewähren.

Fragen zur Organisation der Betriebs- oder Praxistage
Der Begriff „Betriebliche Einrichtung" ist so unpräzise, dass er für eine konkrete Umsetzung der Schule kaum brauchbar sein dürfte. Das kann ein Arbeitsplatz, eine Abteilung, auch die Ausbildungswerkstatt, ein Büro oder anderes sein. Die Wahl dieses Begriffes verrät, dass sich die Verfasser mit der Materie nicht ausreichend beschäftigt haben. Auch die Kategorie „anderer Lernort" ist unpräzise, es kann jeder beliebige Ort sein, der eine Tätigkeit vermittelt und der zum Lernort definiert wird, es kann aber auch ein spezifischer Lernort sein. Eine Ausweitung auf x-beliebige Tätigkeitsorte ist pädagogischer Unsinn.
Sollen einzelne Tätigkeiten als Praxistage umdefiniert werden? Mit der Kombination Praxi- oder Betriebstag ist eine didaktische Klammer als Geschlossenheit eines ganzen Tages eine Mindestforderung beschrieben.

Maßgeblich für die Zuweisungen zu Betriebstagen sind offenbar die Schülerwünsche, sollen die über den ganzen Zeitraum dieses Versuchs gültig sein? Die Auflistung der „Fachrichtungen" betrifft offensichtlich diese Berufsbildung, das paßt hier gar nicht, denn Betriebe und ihre Abteilung sind anders organisiert. Besonders diffus ist „Wirtschaft und Verwaltung" (Büro, Handel etc.).

Wie es aussieht, können die Berufsbildenden Schulen selbstgebastelte (oder abgestimmte) Sondercurricula für die Zusammenarbeit mit den allgemein bildenden Schulen anbieten. Das widerspricht dem Grundansatz, dass die Berufsorientierung (nicht die Berufsausbildung) Aufgabe der allgemein bildenden Schule sein soll. Das kann nicht ein Fachlehrer in einer Ausbildungswerkstatt, der einen spezifischen Berufsausbildungsauftrag hat.

Kritische Anmerkungen zur bisherigen Konzeption von Praxistagen

Es erscheint als Widerspruch, wenn den Schulen bei der Einführung dieser Tage eine Experimentierzeit gewährt wird, aber dann umfangreiche Handreichungen herausgegeben werden. Die eigene Entscheidung der Schulen wurde mit den Handreichungen im Gegensatz zu den Vorschlägen der autonomen Gestaltung erheblich eingeschränkt.

In dem Erlaß und in den Handreichungen – auch in der Begründung zur jetzt vorgenommenen Erhebung – wird der Begriff „Betriebstage" mit dem wesentlich mageren Begriff „betriebliche Einrichtung" wiedergegeben. Damit wurde deutlich, dass es ein breites Spektrum von Gestaltungsmöglichkeiten zunächst geben sollte, um die experimentelle Seite des Ansatzes durch praktische Erfahrungen zu nutzen.

Da der Begriff „Praxistage" natürlich auch an Orten, die nicht als Betriebe definierbar sind, erfüllt werden können, wird in der Erhebung von „anderen Lernorten" gesprochen. Auch das dürfte zur Schwerpunktbildung in der Phase des Erfahrungssammelns zu unpräzise sein, um daraus allgemeingültige Vorschläge ableiten zu können.

Offenbar sollte die Zuweisung zu Betrieben an Betriebstagen von den Schülerwünschen abhängen. Dabei ergibt sich die Frage, ob diese Schülerwünsche über den ganzen Zeitraum der berufsorientierenden Maßnahmen gültig bleiben sollen.

Die Vorschläge zur Zusammenarbeit mit den berufsbildenden Schulen scheint besonders auf die schulischen Werkstätten an den berufsbildenden Schulen zu zielen, wobei die Schülerpraktikanten dann aber nicht in berufsschulischen Curricula eingebunden würden, sondern unter Sondercurricula unterrichtet werden sollen. Damit wären diese Lernorte weitestgehend überflüssig und vielleicht sogar in bezug auf die Berufsorientierung kontraproduktiv.

Mir scheint, dass es sich bei dem Versuch, Betriebs- oder Praxistage zur Verbesserung der Berufsorientierung der Schüler einzurichten, eher um Aktionismus handelt, der weder die Affinitäten und Erfahrungen mit den Polytechniktagen – Tagen der praktischen Arbeit – erfaßt hat, noch mit Arbeit in der realen Produktion.

Mit der Zielbeschreibung des Erlasses für die Hauptschulen wird ein stärkerer Berufsbezug eingefordert, der in zwei Schuljahrgängen 60 bis 80 berufsorientierende Maßnahmen vorsieht.
Zur Realisierung der ministeriellen Vorstellungen sollen die Betriebs- oder Praxistage vorrangig in Betrieben stattfinden. Die Jugendlichen würden damit an die Anforderungen eines Ausbildungsberufs herangeführt. Die in diesen „Tagen" erlebte Praxis leiste gleichzeitig einen Beitrag zur Verbesserung der Ausbildungsfähigkeit und Berufswahlreife.[1]

Das Ministerium für Kultus des Landes Sachsen-Anhalt hat Informationen zu den „Praxistagen an Sekundarschulen" vorgelegt (Bek.des MK vom 1.12.2005 –

---

[1] Erlaß des niedersächsischen Kultusministeriums vom 12.02.2007, Zeichen: 32-81422/05

33 – 83004). Darin heißt es, dass der Unterricht sich zur besseren Orientierung an der beruflichen Praxis halten soll und dazu Möglichkeiten zur Kooperation mit Betrieben genutzt werden sollen. Für die Schüler wird davon erwartet, dass sie die tatsächlichen Gegebenheiten und Anforderungen des beruflichen Lebens kennenlernen und sich die Auseinandersetzung mit der Berufswahl auch auf die Arbeitshaltung, Leistungsbereitschaft und Verhaltensformen der Schüler mit der Berufswelt auswirken werde.

Dieser Anspruch kann nur als anspruchslos charakterisiert werden. Offenbar wollte man der Mode der Einrichtung von Praxistagen folgen ohne wirklich Neues einzubringen.

Praxistage in Hessen – eine Skizze

In den Klassen 8, 9 und 10 wird ein wöchentlicher, fester Arbeitstag über vier Monate in einem Betrieb abgeleistet. Danach ist ein Wechsel möglich. Eine einjährige Aufenthaltsdauer in nur einem Betrieb ist nicht ausgeschlossen.

Unterschiede zu den Betriebspraktika:
Die Arbeitszeit richtet sich nach der des Betriebes, die Praktikanten sollen für größere Aufgaben eingesetzt werden können und dabei den Ablauf eines kompletten Arbeitstages mit allen anfallenden Arbeiten erleben.
Eine Vorbereitung findet schon in Klasse 7 im Fach Arbeitslehre statt. Zusätzlich erscheint als vorbereitende Einrichtung das „Schnupperpraktikum".

Die kontinuierlichen Praxistage selbst werden im Unterricht begleitet. Außer der Vorbereitung auf den Arbeitsalltag werden im Unterricht Fragen aus den Praktika aufgegriffen. Schule und Betriebe benennen Ansprechpartner, die den Einsatz prüfen sollen.
Praxistage sind mehr Absicht als Realität. Die Konzeptionen und deren Realisierung in der schulischen Arbeit haben noch nicht zusammengefunden.

Liste der Bundesländer, die Regelungen für „Praxistage" eingeführt haben – alphabetisch

Land	Stand
Baden-Württemberg	Keine Praxistage neben dem allgemeinen mehrwöchigen Betriebspraktikum (Betriebs- und Sozialpraktikum), Verwaltungsvorschrift vom Juli 2004
Bayern	Stellt den Schulen die Handhabung bis zu einem Fünftel der Unterrichtszeit frei. Im übrigen verpflichtend = zweiwöchige Betriebspraktika
Berlin	Allgemein: Betriebspraktika – s. Anhang. Es gibt Praxistage, keine näheren Informationen
Brandenburg	Zwar geantwortet, aber nur für Lehrerausbildung
Bremen	Neben Betriebspraktika (3 Wochen) neu: A = 1 Jahr 1 Betriebstag je Woche B = Unterricht in Berufsschulen
Hamburg	Es gibt keine „Praxistage" (s. Anhang)
Hessen	Im Bericht angesprochen
Mecklenburg-Vorpommern	Neben den Betriebspraktika gibt es weitere Maßnahmen. Dazu zählen: zusätzliche Praxistage, Schülerfirmen und Austauschpraktika
Niedersachsen	Wird im Bericht behandelt
Nordrhein-Westfalen	Der Erlaß, der auf Anfrage zugesandt wurde, beschäftigt sich mit Berufswahlorientierung in der Sekundarstufe I, in der gymnasialen Oberstufe, im Berufskolleg und im Weiterbildungskolleg – nicht mit Praxistagen.

Rheinland-Pfalz	In einem Modellprojekt geprüft, sollen ab 2008 eingeführt werden
Saarland	Es gibt einen Schulversuch „Praxistag"
Sachsen	Hat nicht geantwortet
Sachsen-Anhalt	Es gibt Praxistage, ihre Zahl bleibt unbestimmt. Durchgeführt werden offenbar je einzelne Praxistage. I.d.R. gilt: 1 Tag je Woche über ein halbes Jahr (keine Blockbildung) oder über ein ganzes Jahr ein Tag alle zwei Wochen (wie DDR)
Schleswig-Holstein	Hat nicht geantwortet
Thüringen	Neben Schülerbetriebspraktika ist der Berufswahlprozeß eingeführt. Es gibt ein „Lernen am anderen Ort", das erwähnt, aber nicht weiter definiert oder strukturiert wird.

Anmerkungen zu den Regelungen der Praxistage auf Länderebene

In **Berlin** gibt es Klassen „Produktives Lernen" mit Zustimmung der Eltern. Diese Besuche lassen keinen erfolgreichen Abschluß erwarten. Dieses Lernen in der Praxis geschieht an „beruflichen Tätigkeitsorten", Ergänzung durch anwendungsbezogene Lernbereiche.

In **Hamburg** gibt es einen Praxis-Lerntag. Er ist ein vollständiger Arbeitstag je Woche über mindestens ein Jahr in zwei oder drei Betrieben, plus einer Praktikumswoche. Die Arbeit ist Mitvollzug der Arbeit, die in dem Betrieb getan wird mit betrieblichen Anleitern an einer Lernaufgabe (Projekt?).Vielleicht kann die Zurückhaltung der Mehrheit der Länder diesem Instrumentarium der Berufsorientierung gegenüber auch als Skepsis hinsichtlich dessen Wirksamkeit, Effizienz und Praktikabilität interpretiert werden. Nach den von uns ermittelten Ergebnissen – aber um es nicht zu vergessen: der Affinität den „Tagen in der Produktion" (DDR – Polytechnischer Unterricht) – wäre vorzuschlagen – bevor weitere ungeeignete Experimente gestartet werden – dass eine gemeinsame Urteilsfindung über Praxistage und deren Eignung für die Initiierung von Lernprozessen in der KMK herbeigeführt werden sollte.

Das niedersächsische Modell der Praxistage

Die Bundesländer, in denen Praxistage zur Verbesserung der Berufsorientierung vorgegeben werden, haben keine einheitliche Form dieser unterstützenden Maßnahmen entwickelt. Hier wird aus diesem Grunde exemplarisch das Modell aus dem niedersächsischen Kultusministerium genommen.[1]
Betriebs- oder Praxistage sind danach Elemente der Berufsorientierung. Sie nehmen die Kernaufgabe der Hauptschule auf: Den erfolgreichen Übergang der Schüler in die Berufswelt in enger Zusammenarbeit mit den berufsbildenden Schulen mit Betrieben sicherzustellen. Sie basieren auf der Annahme, dass die Kenntnisse über Praxis und praktische Arbeit aus der Praxis selbst gewonnen werden könne. Lernen für die Praxis sei über das Lernen in der Praxis erreichbar, denn Kenntnisse über betriebliche Praxis und ihre Arbeitsbedingungen seien für eine Entscheidung zu einer Tätigkeit in beruflicher Praxis hilfreich.
Die betriebliche Praxis, die der Schüler *vor der* Entscheidung für einen konkreten Ausbildungsabschluß durch unmittelbaren Kontakt und in direkter Konfrontation braucht, kann ihm nur ein gezieltes Praktikum bieten, wie es die Berufspraktika bisher bereits taten. Eine Berufsorientierung für das „Berufsleben" ist auch sinnvoll, aber nicht als Basis für eine Entscheidung zu einer konkreten Berufswahl, denn das fordert keine allgemeine Berufsorientierung oder Anforderung für eine Vielzahl von Berufen, sondern klar umrissene Anforderungsprofile. Nach diesem Konstrukt müßte eine unterrichtliche Vorbereitung, eine pädagogische Begleitung und eine unterrichtliche Nachbereitung – anders als bei den „klassischen" Betriebspraktika – unterbleiben. Fast ein Novum – gäbe es nicht das „Vorbild" des „Polytechnischen Unterrichts".
Die Ergebnisse solcher Lernprozesse werden von den zwei betreffenden Interessenten verschieden gesehen:

Für die Schule, die hier die Interessen der Schüler vertritt, sind die Erfahrungen in Praktika gemeint, die die Schüler sammeln können, um neben den eher abstrakten Berufsbildern und Lernzielen in den Ausbildungsordnungen, die Auswirkungen der betrieblichen Arbeitsrealitäten kennenzulernen.

Für die Betriebe ist das Interesse knapp und klar bestimmbar: Die personalpolitischen Erfordernisse nach auch betriebswirtschaftlichem Kalkül, d.h. mit erforderlichem Aufwand eine möglichst exakte Paßgenauigkeit für betrieblichen Nachwuchs zu erreichen. Das bedeutet für die Betriebe, zu einer Risikominimierung der Nachwuchsrekrutierung zu kommen, den eingeworbenen Nachwuchs (Auszubildenden) mit Erfolg zum Abschluß zu bringen und deshalb den Input,

---

[1] Vorläufige Handreichung der Betriebs- oder Praxistage an Hauptschulen des niedersächsischen Kultusministeriums Hannover 2005. Die hier vorgelegte Darstellung ist diesen Handreichungen auszugsweise entnommen.

den der Schüler als Potential von der Schule mitbringt, hart zu fordern. Damit wird eine Maximierung der eigenen Ausbildungsanstrengungen der Betriebe versucht. Die Schule versucht, den Input der Schüler punktgenau für die Aufnahme der Ausbildung zu setzen.

Der Betrieb versucht, den Output durch die Forderung des oben dargestellten Inputs prognosefähig und damit risikoärmer hinsichtlich der Erfolgswahrscheinlichkeit der Einsetzbarkeit des Ausgebildeten in den Betrieb zu machen.

Für das Land Niedersachsen hat das Kultusministerium seinen Hauptschulen für die Schuljahre 8 und 9 an 60 bis 80 Tagen (je nach Wahl der Schule) vorgegeben, berufsorientierende Maßnahmen mit Hilfe solcher Betriebs- oder Praxistage einzurichten und damit den Berufsbezug, dem diese Schulart besonders verbunden sein soll, zu verstärken. Innerhalb des Gesamtrahmens der berufsorientierenden Maßnahmen haben die Betriebs- oder Praxistage einen besonderen Stellenwert. Für die Betriebe in der Zusammenarbeit mit der Schule gilt das Ziel, mit zusätzlichen Maßnahmen das Praxislernen aufzunehmen und auszuweiten. Dabei sollen die Schülerinnen und Schüler bessere und tiefere Kenntnisse über die betrieblichen Abläufe und die wirtschaftlichen Zusammenhänge erhalten, was offenbar als ergänzende Festigung der Berufsorientierung gedacht ist.

Zur Realisierung der ministeriellen Vorstellungen sollen die Betriebs- oder Praxistage vorrangig in Betrieben[1] stattfinden. Die Jugendlichen würden damit an die Anforderungen eines Ausbildungsberufs herangeführt. Die in diesen „Tagen" erlebte Praxis leiste gleichzeitig einen Beitrag zur Verbesserung der Ausbildungsfähigkeit und Berufswahlreife.[2]

Das Land Niedersachsen hat zur Realisierung drei Modelle entwickelt und die Realisierung den Schulen überlassen, wie auch die Ausgestaltung dieser berufsorientierenden Maßnahmen weitgehend den Einzelinitiativen der Schulen überlassen wurde.
- Das Klassenlehrermodell: Dabei übernimmt der Klassenlehrer die Organisation und die inhaltliche Bestimmung der Praxistage, besonders für die Anfangsphase, in der die kontinuierliche Betreuung durch eine vertraute Bezugsperson notwendig ist. Der Klassenlehrer soll dabei in ei-

---

[1] Fast darf man es eine Kuriosität nennen, dass Veranstaltung, die Schülern betriebliche Arbeitspraxis vermitteln sollen, auch – ex definitione – nicht in Betrieben stattfinden dürfen. Die ministeriellen Absichten erschließen sich nicht bei einem ersten Interpretationsversuch. Eine grundlegende Auseinandersetzung mit dieser Frage muß aus Raumgründen einer späteren Auseinandersetzung vorbehalten bleiben.

[2] Erlaß des niedersächsischen Kultusministeriums vom 12.02.2007, Zeichen: 32-81422/05

ner Person die unterrichtliche Verzahnung der Fächer Deutsch und/oder Mathematik und Wirtschaft erreichen, für diese Thematik also die Fächergrenzen aufheben.[1] Damit soll außer den berufsorientierenden Maßnahmen auch eine stärkere Verzahnung des Fachunterrichts mit dem Erfahrungslernen in einem betrieblichen Umfeld bzw. mit praktischen Arbeiten erreicht werden.

- Das Fachlehrermodell: Dabei sollen betriebs- oder Praxistage eine stärkere Verzahnung des Fachunterrichtes mit dem Erfahrungslernen in einem betrieblichen Umfeld erreichen. Nach diesem Modell kann die Fachkompetenz der Lehrer den Schülerinnen und Schülern zur Klärung und Vertiefung der Fachfragen helfen, die im Betrieb zw. In den berufsbildenden Schulen oder im Schulprojekt der fachlichen Erläuterung bedürfen. Dabei erhalten diese Lehrer in ihrer Zusammenarbeit und in der gemeinsamen Zielrichtung ihrer Arbeit über die Informationen Einblicke über ausbildungsrelevante Inhalte ihres Fachunterrichts.
- Das Ganztagsmodell: Dieses Modell kann eine besondere Variante in Ganztagsschulen sein. Die Schulen können für die Betriebs- oder Praxistage den Gesamtablauf der darin eingeschlossenen Unterrichtstage ergänzen durch besondere Förderangebote im Rahmen von Arbeits- und Übungsstunden zur Verbesserung der fachlichen Leistungen, und sozialpädagogische Angebote zur Stabilisierung des Lern- und Leistungsverhaltens, ebenso wie außerunterrichtliche Maßnahmen zur Vertiefung der Berufsorientierung, sind in dieser Form möglich. Die Wahrnehmung dieses Angebots ist für die Schüler grundsätzlich freiwillig.

Die Darstellung des niedersächsischen Modells zeigt, dass die Vorschläge erst bis zu einem vagen Konzept für die neue Form unter Einschluß der Betriebs- oder Praxistage gekommen sind. Deshalb ist jetzt nach der Einführung zum Schuljahr 2005/2006 eine Bestandsaufnahme vorgesehen, in der die Schulen ihre Erfahrungen einbringen sollen. Vermutlich soll aus der Sammlung der Einzelerfahrungen dann eine Vorgabe für die Integration dieser berufsorientierenden Maßnahmen unter Einschluß der Betriebs- oder Praxistage vorgenommen werden. Erst dann gäbe es einen curricularen Ansatz der Betriebs- oder Praxistage.
Bisherige Hilfestellung des Ministeriums in der Form der Handreichung bleiben – wie zu vermuten nach den Vorgaben durch den zitierten Erlaß – recht vage.

Die Arbeit als didaktischer Kern in der Hauptschule soll die Stärkung der Ausbildungsfähigkeit herstellen. Um dieses Ziel zu erreichen, soll der Fachunter-

---

[1] Dieser Klassenlehrer wird also diese Fächer notwendigerweise selbst unterrichten müssen

richt mit praktischen Erfahrungen in Betrieben und in Berufsbildenden Schulen verbunden werden.

Dafür sind sogenannte Betriebs- oder Praxistage (BPT) einmal wöchentlich in den Jahrgängen 8 und 9 (ca. 60 BPT/Jahr) eingerichtet. Diese BPT sollen systematisch mit dem Fachunterricht verknüpft oder in Projekten durchgeführt werden.

Das bedeutete, dass schulische Lehr-/Lernarrangements mit einer Verbindung zu Unternehmen oder Berufsschulen den Zielsetzungen und dem Anliegen der Praxistage gerecht werden müssen.
Auch Schülerfirmen als unternehmenspraktisches Lehr-/Lernarrangement sind möglich. BPT müssen mit dem Fachunterricht systematisch verbunden sein.

Eine Präzisierung für die Berufsorientierung an der Hauptschule und für die Institutionalisierung der Betriebs- oder Praxistage in diesem Rahmen wurde durch den Rund-Erlass des niedersächsischen MK vom 4.8.2004 zur Berufsorientierung vorgenommen. Danach können folgende Möglichkeiten für die Berufsorientierung vorgesehen werden:

Nach dem Erlaß können Betriebs- oder Praxistage in Betrieben, Lehrwerkstätten oder in berufsbildenden Schulen stattfinden oder – soweit vorhanden – in geeigneten Fachräumen durchgeführt werden. Betriebs- oder Praxistage sollen zu einer weitgehenden Verzahnung des Fachunterrichts mit dem praktischen Lernen führen.
Die BPT sind ein didaktischer Ansatz mit der Intention, die Berufswahlreife und die Ausbildungsfähigkeit der Schülerinnen und Schüler zu steigern. Zu diesem Ansatz gehören unterschiedliche Elemente: der Tag im Betrieb, der Kontakt mit Patenbetrieben, Zusammenarbeit mit den Berufsschulen, Schülerfirmen, Projekte und der Fachunterricht. Im Rahmen eines Gesamtkonzepts müssen die genannten Elemente miteinander verknüpft werden.

Die Bundesagentur für Arbeit (BA) hat auch zu diesem Schritt neue Initiativen aufgenommen und strukturelle Vorschläge vorgelegt. Sie sind niedergelegt in einem Papier zur Vorlage bei der Konferenz der Kultusminister der Länder (KMK).

Die Formulierungen der BA für die KMK wiederholen Allgemeines,[1] bisher auch schon für die Schule Angefordertes. So soll die Schule die Schüler unterstützen, in Kooperation mit der regionalen Wirtschaft über die Praktika und an-

---

[1] s. oben S. 23

dere betriebliche Kontakte, reale Einblicke in die Arbeitswelt zu bekommen. Methodisches Hilfsmittel dazu: Dokumentation des erreichten Standes der Berufswahlforschung, damit die Berufswahlentscheidung bei Bewerbungen und für alle Beteiligten transparent gemacht werden kann. Es fragt sich, ob die Bundesanstalt für Arbeit ein geeigneter Partner für die Konzeption der Praxistage sein kann.

Dass die BA in schulischen Veranstaltungen über die Anforderungen des Arbeitslebens, die Berufe und die Situation auf dem Arbeits- und Ausbildungsmarkt informiert, dürfte die BA ebenso überfordern (besonders den Berufsberater, der sich kaum auf eigene Erfahrungen stützen wird) wie die BIZ. Für die Medien brauchen die Schüler nicht die Berufsberatung.

Stellungnahme zur Erhebung zur „Umsetzung der Betriebs- oder Praxistage an Hauptschulen" des NK – Brief vom 12.2.07

Das MK Niedersachsen zeigte sich zunächst scheinbar forsch. Quantitativ war das auch begründet. Die Zahl der Tage, die die Schulen für den Praxiskontakt zur Berufsorientierung zur Verfügung bekamen, erscheint fast dramatisch. Das breite Spektrum an Realisierungsvorschlägen weckte allerdings Zurückhaltung. Allein die Vielzahl der Alternativen deutet auf wenig inhaltliche Vorstellungen und Vorgaben. Um diesen Mangel auszugleichen, erhielten die Schulen dann recht umfangreiche Handreichungen mit teilweise detaillierten Vorgaben. Die Handreichungen für Betriebs- oder Praxistage an Hauptschulen des niedersächsischen Kultusministeriums versuchten zu begründen, warum das Lernen in der Praxis geeignet sei, die Berufsorientierung zu erleichtern, d.h. das Lernen von Berufsinhaltsalternativen, -belastung, -verhaltensanspruch, -rollenvorgaben zu ermöglichen. „Als roter Faden zieht sich die individuelle Betreuung der Schülerinnen und Schüler bei den Betriebs- oder Praxistagen durch die Handreichung. Durch sie kann der hohe Anteil des Praxislernens der Schülerinnen und Schüler in den Betrieben, Berufsbildenden Schulen und in berufsorientierenden Schulprojekten zu einem wirksamen Förderinstrument in der Ausbildungsfähigkeit entwickelt werden."[1]

Scheinbar wird in diesem Absatz die Möglichkeit zum erfolgreichen Praxislernen erläutert. Doch die Darstellungen sind hinsichtlich der Genauigkeit der Wirkungsmöglichkeiten eher sehr zurückhaltend.
Es wird eine individuelle Betreuung in den Betriebs- oder Praxistagen vorausgesetzt, die in Permanenz (roter Faden) erwartet wird. Durch diese individuelle Betreuung erst könne der hohe Anteil des Praxislernens entwickelt werden. Er

---

[1] NK, Erlaß vom 12.02.2007, S. 4

kann und muß erst entwickelt werden, zwei Dinge, die die Lernbarkeit von Praxis eher fraglich erscheinen lassen.

Vor diesem schwankenden Einstieg erscheint die Aktion, die vielen Realisierungen der betroffenen Schulen in einer Erhebung zu erfassen und daraus das bisher vermißte Modell zu konstruieren, geradezu als Zeichen der doppelten Hilflosigkeit.

Die ersten Fragen beziehen sich auf die Absicht bei der Einführung dieser Tage, den Schulen eine Experimentierzeit zu gewähren.

Telefonnotiz – Praxistage

In einem Telefongespräch informierte mich Herr Kaes, Schulleiter der Hauptschule Innenstadt, über die Ergebnisse einer Konferenz, zu der das Nieders. Kultusministerium eingeladen hatte und auf der u.a. auch die Berufsorientierung mit dem Instrumentarium „Betriebs- oder Praxistage" behandelt werden sollten. Es werde – wenn ich das korrekt verstanden habe – überlegt, neue Modelle zu entwickeln, blieb aber dabei wenig konkret. Eine mögliche Begründung hätte sich aus dem abschließenden Bericht mit der Auswertung des verteilten Fragebogens angeboten. Ob es eine Auswertung gegeben hat, und ob sie abgeschlossen ist, wurde auf der Tagung nicht präzise mitgeteilt. Wenn ich das richtig verstanden habe, wäre eine Äußerung gefallen: Die Auswertung der erhobenen Daten nach den wieder eingesandten Fragebögen durch die Schulen habe jetzt begonnen.

Fragen zur Organisation der Betriebs- oder Praxistage
Der Begriff „Betriebliche Einrichtung" ist so unpräzise, dass er für eine konkrete Umsetzung der Schule kaum brauchbar sein dürfte. Das kann ein Arbeitsplatz, eine Abteilung, auch die Ausbildungswerkstatt, ein Büro oder anderes sein. Die Wahl dieses Begriffes verrät, dass sich die Verfasser mit der Materie nicht ausreichend beschäftigt haben. Auch die Kategorie „anderer Lernort" ist unpräzise, es kann jeder beliebige Ort sein, der eine Tätigkeit vermittelt und der zum Lernort definiert wird, es kann aber auch ein spezifischer Lernort sein. Eine Ausweitung auf x-beliebige Tätigkeitsorte ist pädagogischer Unsinn.
Sollen einzelne Tätigkeiten als Praxistage umdefiniert werden? Mit der Konstruktion, in der das Niedersächsische Kultusministerium in die „Betriebs- oder Praxistage" sowohl Tätigkeit in Schulen sind an nichtbetrieblichen Lernorten einerseits und betrieblicher Praxis andererseits zusammengefaßt hat, eine didaktische Klammer konstruiert werden, die über einen ganzen Tages eine Mindestanforderung erfüllen soll.

Maßgeblich für die Zuweisungen zu Betriebstagen sind offenbar die Schülerwünsche, sollen die über den ganzen Zeitraum dieses Versuchs gültig sein? Die

Auflistung der „Fachrichtungen" betrifft offensichtlich diese Berufsbildung, das paßt hier gar nicht, denn Betriebe und ihre Abteilung sind anders organisiert als Schule. Besonders diffus ist „Wirtschaft und Verwaltung" vorgestellt (Büro, Handel etc.). Wie es aussieht, können die Berufsbildenden Schulen selbstgebastelte (oder abgestimmte) Sondercurricula für die Zusammenarbeit mit den allgemein bildenden Schulen anbieten. Das widerspricht dem Grundansatz, dass die Berufsorientierung (nicht die Berufsausbildung) Aufgabe der allgemein bildenden Schule sein soll. Das kann nicht ein Fachlehrer in einer Ausbildungswerkstatt, der einen spezifischen Berufsausbildungsauftrag hat.

Kritische Anmerkungen zur bisherigen Konzeption von Praxistagen

Es erscheint als Widerspruch, wenn den Schulen bei der Einführung dieser Tage eine Experimentierzeit gewährt wird, aber dann umfangreiche Handreichungen herausgegeben werden. Die eigene Entscheidung der Schulen wurde mit den Handreichungen im Gegensatz zu den Vorschlägen der autonomen Gestaltung erheblich eingeschränkt.

In dem Erlaß und in den Handreichungen – auch in der Begründung zur jetzt vorgenommenen Erhebung – wird der Begriff „Betriebstage" mit dem wesentlich mageren Begriff „betriebliche Einrichtung" wiedergegeben. Damit wurde deutlich, dass es ein breites Spektrum von Gestaltungsmöglichkeiten zunächst geben sollte, um die experimentelle Seite des Ansatzes durch praktische Erfahrungen zu nutzen.

Da der Begriff „Praxistage" natürlich auch an Orten, die nicht als Betriebe definierbar sind, erfüllt werden kann, wird in der Erhebung von „anderen Lernorten" gesprochen. Auch das dürfte zur Schwerpunktbildung in der Phase des Erfahrungssammelns zu unpräzise sein, um daraus allgemeingültige Vorschläge ableiten zu können.

Die Vorschläge zur Zusammenarbeit mit den berufsbildenden Schulen scheint besonders auf die schulischen Werkstätten an den berufsbildenden Schulen zu zielen, wobei die Schülerpraktikanten dann aber nicht in berufsschulische Curricula eingebunden würden, sondern unter Sondercurricula unterrichtet werden sollen. Damit wären diese Lernorte weitestgehend überflüssig und vielleicht sogar in bezug auf die Berufsorientierung kontraproduktiv.

Mir scheint, dass es sich bei dem Versuch, Betriebs- oder Praxistage zur Verbesserung der Berufsorientierung der Schüler einzurichten, eher um Aktionismus

handelt, der weder die Affinitäten und Erfahrungen mit den Polytechniktagen –
Tagen der praktischen Arbeit – in der praktische Arbeit in realen Situationen
erfaßt hat, noch ein eigenständiges Modell gelungen ist.

Befragung zur praktischen Arbeit

Meine Erhebung, durch die ich Ergebnisse feststellen wollte, die mit der Einführung der „Betriebs- oder Praxistage" die Berufsorientierung der Hauptschüler in Niedersachsen erreicht wurden[1], habe ich in den drei Hauptschulen in Osnabrück und Hauptschulen im Landkreis Osnabrück durchgeführt. Im Landkreis waren es die Schule in Neuenkirchen, die Stahmer-Schule in Georgsmarienhütte, die Schulen in Ostercappeln und in Bohmte.[2]
An die Schüler der lt. Erlaß betroffenen Klassen wurden nach Absprache mit den Schulleitern und in Abstimmung mit ihnen von mir vorgelegte Fragebogen unter meiner Einführung im Klassenzimmerinterview gerichtet.
Der Rücklauf erbrachte 138 Fragebogen, von denen waren 14 nicht beantwortet. Aus Neuenkirchen gab es 15 Rückläufe, GMHütte 32, Eversburg 21, Ostercappeln 34 und Bohmte 22. Vermutlich sind die nicht ausgefüllten Fragebogen aus Neuenkirchen. Abgesehen davon sind also Daten von 124 Schülerinnen und Schülern zusammengekommen. Die Berechnungen erfolgten aber immer unter Einschluß dieser 14 unbeantworteten Fragebogen. Das sind 10%.
Wegen des insgesamt kleinen N werden nicht die einzelnen Schulen differenziert ausgewertet, sondern nur die Gesamtheit von 124 Schülerinnen/Schülern. Die Ergebnisse sind nicht repräsentativ, gestalten vielmehr heuristisch einen klärenden Blick in ein neues, noch nicht erforschtes Modell, das die Notwendigkeit gründlicherer Forschung begründen kann. Meine Hypothese lautet: Die Wirksamkeit isolierter Tagespraktika auch mit ihrer Möglichkeit zur Blockstruktur bleibt gering bis unwirksam und bewirkt damit eine Vergeudung von Ressourcen an Zeit und Arbeitskraft.

Das Ergebnis

58,7% der Schüler konnten selbst Betriebe auswählen, in denen sie die praktischen Arbeiten tätigen/erleben sollten - 38,4% konnten die Betriebe nicht selbst auswählen. Zur Berufswahl – in diesem Fall zur Berufswunschbildung – ist dieses Ergebnis ambivalent. Das Problem liegt darin, dass es an einer klaren Zielbestimmung fehlt: Sollen die Erlebnisse/Erfahrungen der Schüler/Schülerinnen dazu benutzt werden, um durch Einblicke eine Reihe von Berufen innerhalb betrieblicher Tätigkeitsbereiche „kennenzulernen"? Das wäre dann das Ziel, die Schüler sollten aus den Erlebnissen eine Auswahl treffen oder sollten die Schüler in steigender Form durch die Kumulierung der Erfahrungen an den einzelnen Tagen über die Jahre hinweg in Wunschberufe/ Wunschbetriebe ihr Vorstellung

---

[1] Ich danke den Schulleitern der betroffenen Schulen auch für die Bereitschaft, in Interviews ihre Meinung zu Protokoll zu geben
[2] Der Fragebogen und Informationsbrief sind im Anhang wiedergegeben. Der Interviewleitfaden wurde mit einer Schulleitung abgestimmt.

über den Wunschberuf derart festigen, dass schließlich die gezielte Berufswahl mit gesicherter Information sich herauskristallisiert? Das träfe – wenn die Kumulierung der Erlebnisse aus den Praxistagen tatsächlich zu einer Festigung der Berufswahl beiträgt – bei nur gut der Hälfte der Schüler zu. Bei dem anderen Teil käme es darauf an, dass die Schüler in die getätigten Erfahrungen/Erlebnisse eine Systematik erfahren.

Mit der nächsten Frage fragten wir nach den insgesamt in dieser Maßnahme besuchten Betrieben. Wir hatten dazu bei der Auswertung Kategorien gebildet: Die Kategorie erfaßte die Schüler, die einen Betrieb besucht hatten; Kategorie 2 umfaßte diejenigen Schülerinnen und Schüler, die zwei bis drei Betriebe besucht hatten und Kategorie 3 umfaßte die Schüler, die vier und mehr Betriebe kennenlernten.

Über die Hälfte der Schüler fiel in die erste Kategorie mit 56,5% der Antworten. Die zweite Kategorie belegten 29,0% und die dritte 13,8%.

Auch hier ist die gleiche Ambivalenz wie bei der vorgenannten Frage erkennbar. Diejenigen Schülerinnen und Schüler, die während der Betriebs- oder Praxistage einen Betrieb kennengelernt hatten, hätten damit die Gelegenheit gehabt, diesen Betrieb sehr gründlich nicht nur kennenzulernen, sondern auch in ihm seine Struktur, seine Produktionsweise, seine Berufstätigkeiten zu erfassen. Das wäre allerdings nur dann über die gesamte Zeit möglich gewesen, wenn es sich bei den Betrieben um Großbetriebe handelt, die den Schülern in verschiedenen Abteilungen festigende Eindrücke vermitteln könnten, aber darüber hinaus, diese Erfahrungen auch in mehreren unterschiedlichen Betriebsabteilungen ermöglichten. Sobald es sich bei den Betrieben um Kleinbetriebe handelt, sind die Ergebnisse der Schüler in Kategorie 1 mit Sicherheit wenig fundiert. Das zeigt sich auch bei den Antworten in den beiden anderen Kategorien: Die relativ große Streuung von zwei Betrieben bis zu einer Mehrzahl von Betrieben zeigt die Unsicherheit der Schulen nach Kategorien, der Auswahl und der Quantifizierung, so dass vermutet werden muß, dass eher der Zufall oder pragmatische Gründe eine größere Rolle bei der Zumessung der Praktikanten zu Betrieben tragend war.

„Wie viele Tage in der Woche warst du in einem Betrieb?" lautete die nächste Frage, die wir in unserem Fragebogen gestellt hatten. Wiederum über die Hälft (78 Schüler = 56,5%) hatten die Eintageslösung des Erlasses gewählt und damit hatten über die Hälfte die Möglichkeit des Blockens nicht berücksichtigt. An zwei Tagen konnten 14 Schüler = 16,1% in die Betriebe gehen und drei und mehr Tage nannten 44 Schülerinnen und Schüler = 31,9%.

Zu der nächsten Frage muß eine Erklärung vorangestellt werden: 19,6% gaben keine Antwort. Die Mehrzahl von ihnen = 15,9% sind Schüler aus Bohmte. In Bohmte handelt es sich um eine Sonderklasse, so dass dieses Ergebnis nicht zur Interpretation der übrigen Daten vergleichend herangezogen werden kann. Die übrigen Antworten lassen sich eher pauschal beantworten, so dass man sagen kann, dass sie zeigen, die Schüler können kaum genau zwischen den Betriebs- oder Praxistagen und den bekannten Betriebspraktika – auch in vielfacher Form – unterscheiden. Das heißt, dass die Praxistage kaum eine eigene Kontur im Bewußtsein der Schüler entwickelt haben. Da es aber darauf ankommt, eine ganz gezielte Wirkung zur Berufsorientierung bei den Schülern/Schülerinnen zu erreichen, zeigen diese Äußerungen, dass die Praktika nicht ihren gesetzten Funktionswert erreicht haben. Wie weit das von den diffusen Profilierungen im Erlaß abhängen, vermag diese kurze Studie nicht zu erfassen.

Auf die Frage, welche Tätigkeiten sie während ihrer Praxistage machen mußten/durften, gab es eine Vielzahl von Einzelnennungen, die wir zur besseren Übersichtlichkeit geclustert haben. Zum einen haben wir Cluster gebildet nach Art der Betriebe. So haben wir den Gärtner, die landwirtschaftlichen Arbeiten, die Arbeiten im Hotel oder im Restaurant, die Altenpflege, die Arbeit beim Arzt, die Tätigkeit im Kindergarten zusammengefaßt. Dann blieben allerdings noch eine Reihe weiterer diffuser allgemeiner Antworten übrig. Die wenigsten Tätigkeiten wurden in der Altenpflege genannt mit 3 Nennungen, beim Arzt 2 Nennungen, in der KFZ-Werkstatt 4 Nennungen, beim Gärtner 6 Nennungen, im Kindergarten 9 Nennungen. Es häuften sich besonders die Nennungen in der Landwirtschaft (37 Nennungen), bei Arbeiten im Hotel oder Restaurant konnten wir 6 Nennungen zählen.

Wir haben dann versucht, über die Cluster hinweg die sehr allgemein gehaltenen Nennungen, wie z.B. „Arbeiten auf dem Bauernhof", und „Mit Kindern spielen" herauszufiltern und kamen dabei auf 74 = 52,5% Nennungen, wobei „Arbeiten auf dem Bauernhof" allein 19,6% dazu beitrugen.

Nach der Kategorie „Hilfsarbeiten" fanden wir 37 Nennungen = 24%, 13 Schülerinnen und Schüler sagten „Nichts" = 9,4%. Für ganz einfache Tätigkeit wie „Karteikarten sortieren" oder „Waren einräumen" fanden wir 10 Nennungen = 7,7% und bei 17 genannten Mehrfachtätigkeiten fanden wir Putztätigkeiten wie fegen, Etiketten aufkleben u.a., das sind 17 Nennungen = 11,9%.

Einige der als qualifiziert einzustufenden Tätigkeiten wie „Computerarbeiten" oder auch „Backen" oder „Kunden beraten" können nach den Tätigkeiten, die die Schüler/Schülerinnen in ihren Tages- und Wochenpraktika übernehmen durften, nicht wie üblich in eine qualitativ anspruchsvollere Tätigkeit interpretieren.

Alles zusammen genommen ergibt die Analyse der Tätigkeiten, dass es sich bei weitem überwiegend mehr oder weniger um Hilfstätigkeiten handelt, die die Schüler verrichten durften. Im Anhang wird die Gesamtliste dieser Praxistage-Untersuchung beigefügt. Ein Blick auf die Gesamtliste zeigt, dass die Arbeiten, die die Schüler in den Praxistagen kennenlernten, in landwirtschaftlichem Bereich weit überrepräsentierten (26,6%). Abgesehen davon, dass fast ein Drittel aller Aussagen sehr allgemein gehalten waren, so dass die Vermutung bestätigt wird, dass wirkliche Arbeiten kaum von den Schülern erfahren wurden und dass - bei großzügiger Interpretation - 15% an Tätigkeiten dabei waren, denen man wenig Berufsnähe zu relevanten Berufen und Berufsbereichen zubilligen kann. Bestürzend sind die – wenn auch nur 8,7% - die nichts in den Praxistagen tun konnten.

Erfahrungen mit Berufen in den Betrieben

Es schloß sich in unserem Fragebogen die Frage nach den Berufen an, die die Praktikanten während dieser Praxistage kennenlernen konnten. Wir fragten: „Welche Berufe konntest du in den Praxistagen kennenlernen?" Auch hier haben wir Cluster gebildet, mit denen wir die sehr vielfältigen heterogenen und auch z.T. ungenauen Antworten gliedern konnten.

Entsprechend den Tätigkeiten waren natürlich auch die Berufsbereiche aus dem landwirtschaftlichen Bereich weitaus überrepräsentiert.
Bei den Nennungen im landwirtschaftlichen Bereich wurden von den Schülern und Schülerinnen neben der Landwirtschaft oft auch mehrere Berufe genannt, die nicht zum landwirtschaftlichen Bereich gehören. Ich habe daraufhin eine Rückfrage gehalten, die ich als Telefonnotiz in diese Auswertung der Befragung eingefügt habe. Eine weitere Analyse dieser Berufe läßt aufgrund der großen Heterogenität erkennen, dass eine Systematik zur Berufsinformation aus diesen Erfahrungen der Schüler nicht erreicht werden konnte.

Die Berufsauswertung im Einzelnen

25 einzelne Berufe wurden als diejenigen genannt, die die Schüler während der Praxistage kennenlernten.[1] Diese Nennung erfolgte von insgesamt 69 Schülern. Darin sind aber 28 Schüler enthalten, die den Beruf Landwirt = 20,3% kennen-

---

[1] Die Auflistung der Berufe habe ich im Anhang wiedergegeben

gelernt haben. Der Beruf Landwirt wird sogar in Kombination mit anderen insgesamt 49mal genannt, das sind 34,3%.

In den übrigen Fällen werden mehrere Berufe genannt, die aus unterschiedlichen Betrieben, aber auch vom einzelnen Betrieb stammen können. So werden der Bäcker und der Gärtner als Kennenlernen an Berufen zusammen genannt und auch Verkäuferin und Erzieher oder auch Altenpflegerin und Kosmetikerin. In den letzteren Fällen darf man davon ausgehen, dass die Schüler/Schülerinnen verschiedene Betriebe kennengelernt haben, in denen sie mehrere Berufe sehen konnten.

Man darf außerdem davon ausgehen, dass Schüler, die mehrere – teilweise vier, manchmal darüber hinausgehend – Berufe aufgeschrieben haben, wirkliche Kenntnisse über diese Berufe nicht erfahren konnten. Vor allen Dingen konnten sie dort außer der Tatsache, dass in den Betrieben Menschen tätig waren, die diese Berufe oder Tätigkeiten aus diesen Berufen ausübten, keine durch Eigentätigkeit gestärkte Erfahrung in diesen Berufen erwerben.

Man kann hier das Urteil von Blankertz über die Entwicklung von Praktikumsmodellen heranziehen. Blankertz forderte, dass praktisches Lernen oder Praktikumsmodelle zum praktischen Lernen beitragen sollten, nicht aus der Praxis für die Praxis entwickelt werden, sondern aufgrund eines theoretischen Konzeptes, das in den Rahmen der Berufsorientierung hineinpaßt.[1]

Während die Lehrer bei den ersten Praktikumsmodellen im Betrieb die beste Erfüllung zur Zielerreichung der Berufsorientierung sahen, da der Betrieb die Situation und Lebenswirklichkeit bot, auf die die Schüler vorbereitet werden sollen, wurden sie im weiteren doch belehrt und empfanden diese Konzeption als unzureichend.[2]

Mit der nächsten Frage wollten wir wissen, ob die Stunden geblockt waren. Fast genau je zur Hälfte antworteten darauf ja oder nein. Die Hälfte der Schüler mißtrauten der Wirkung auf die Berufsorientierung bei einzelnen Praxistagen.

58,0% der Schüler bestätigten, dass Unterrichtsstunden durch die Praxistage ausgefallen sind.

---

[1] Blankertz, Herwig, Die Stellung des Unterrichtsmodells Betriebspraktikum für Schüler innerhalb einer Entwicklung der Didaktik der Arbeitslehre, in: Betriebspraktikum für Schüler, herausgegeben von Georg Groth/Ilse G. Lemke/Peter Werner, Weilheim/Berlin/Basel 1971.
[2] Groth, Georg, Das Praktikum im Rahmen der Arbeitslehre, in: Betriebspraktikum für Schüler a.a.O.

Die Kontakte zwischen den Betrieben und den Schulen für die Praxistage waren kaum exakt abgestimmt. Eine genaue Abstimmung nannten nur 11,6% der Schülerinnen/Schüler. 42,8% sagten, die Abstimmung fand „nur etwas" statt. Eine ungenaue Abstimmung fanden 5,1%, gar keine Abstimmung 7,0%, aber ein großer Teil der Schülerinnen und Schüler = 39 (28,3%) hatten darüber keine genauen Kenntnisse.
Falls eine Abstimmung erfolgt war, war sie für die Schüler nicht erkennbar.

Der Schülerbefragung, deren Ergebnisse oben dargestellt wurden, schloß sich ein Interview in der Regel mit dem Schulleiter an. Die Schulen waren nicht alle identisch mit den Befragungsschulen der Schüler. Es handelte sich hier um die Hauptschule Bramsche, die Stahmer-Hauptschule in GMHütte, die Hauptschule (mit Realschule) in Bohmte[1], die Haupt- und Realschule in Neuenkirchen interviewte ein Lehrer und eine Lehrerin, die Felix-Nußbaum-Schule in Osnabrück, die Hauptschule Innenstadt und die Hauptschule (mit Realschule) in Ostercappeln.

---

[1] Dort wurden sowohl der Leiter der Fachbereichskonferenz als auch der Schulleiter interviewt.

Ergebnisse der Interviews[1]

Haupt- und Realschule Bohmte

Die erste Frage lautete: „Der Erlaß über Betriebs- oder Praxistage sieht 60-80 Tage vor, die einer Strukturierung bedürfen. Wie haben Sie die Themen/Ziele/-bestimmungen erarbeitet?"

Die Struktur der Praxistage entwickelte sich aus der Analyse der bisherigen Berufsorientierungsmaßnahmen. Die zuständige Fachkonferenz bestimmte, dass die Schüler Einblicke in betriebliche Abläufe bekommen sollten. Bisher bietet die Schule zwei Schülerbetriebspraktika an: In Klasse acht 14 Tage und ein zweites in Klasse neun, 15 Tage. Durch das Kennenlernen betrieblicher Abläufe sollen Schüler in der Berufsorientierung weiterkommen und auf eine Berufsentscheidung hinsteuern. Die Schule akzentuiert das auf die Vorbereitung der Vorstellungsgespräche.

Zusätzlich zu den beiden Betriebspraktika gibt es Zusatzpraktika, die mit Partnerfirmen durchgeführt werden. Lernort für diese Praktika sind die Ausbildungswerkstätten (einwöchig), freiwillige Praktika am Nachmittag kommen dazu.

Die Schule kooperiert mit berufsbildenden Schulen und mit Ausbildern in den Betrieben: „Girls days", zwei soziale Tage und Praxistage an berufsbildenden Schulen. Mit diesen bisherigen Leistungen kommt die Schule auf 78 Praxistage.

Hinzu kommt noch eine Berufsstarter-Klasse. Sie hat einen eigenen Praxistag jede Woche Mittwoch (s. eigenes Interview mit dieser Klasse).

Über die Einschätzung der Praxistage nach dem genannten Erlaß:
Bisher sind schon viele Maßnahmen getätigt. Eine Erweiterung in den fünften und sechsten Klassen wird als sinnvoll erachtet.

Zu den Maßnahmen zählt die Schule aber auch die durchgeführten Bewerberseminare (auch Fahrten ins BIZ), die Ausbildungsplatzbörse und der Bewerberfachtag. Die Lehrer verschaffen eine unmittelbare Begegnung mit Ausbildern.

Die Auswahl der Betriebe können die Schüler nach Wunsch vollziehen. Sie werden dabei gründlich beraten.

---

[1] Hiermit werden die Auswertungen der Interviews wiedergegeben. Sie wurden vom Verfasser nach den transscribierten Mitschnitten der Originalinterview erstellt. Die Transscriptionen erstellte Simone Schnase, die Interviews machten teilweise ebenfalls Simone Schnase, teilweise der Verfasser.

Interview mit dem Leiter der Fachbereichskonferenz Bohmte - Berufsstarter-klasse

Zur Strukturierung der Praxistage hat die Bohmter Schule die Betriebe im Ort angeschrieben. Nur 16 haben positiv reagiert. Das reicht bei 70 Schülern bei weitem nicht aus. Da diese Schule in einem bundesweiten Projekt etabliert ist, ist sie nur bedingt zu den niedersächsischen Praxistagen zu rechnen. Es betrifft auch eine bestimmte Schülerklientel aus Hauptschülern der achten Klassen, die Schwierigkeiten haben könnten, ihren Hauptschulabschluß auf normalem Wege zu erreichen. Zusätzlich zu den Lehrern ist hier eine Sozialpädagogin beschäftigt.

Zur Struktur der Berufsstarterklasse

An vier Tagen in der Woche gibt es Unterricht, dreimal acht und einmal sechs Stunden, und am fünften Tag einen Praxistag. Die Klasse hat also einen geschlossenen Praxistag für 25 Betriebe.

Die ursprüngliche Idee der Praxistage wurde also nicht realisiert, da die Betriebe keinen Sinn darin sehen, punktuell Schüler bei sich zu haben, denn damit sei keine richtige Einbindung in die Arbeitsabläufe möglich. Der Einblick in diese Arbeitsabläufe ist dann sehr kurz. Er kann nichts über den ganzen Betrieb erfahren. Das Urteil der Betriebe: Es kommt nichts Sinnvolles dabei heraus. Die normalen Praktika sind für die Betriebe effektiver. Auch für die Berufsstarterklassen wären Blockpraktika erwünschter bei den Betrieben, aber in diesem Falle, weil es sich um einen Modellversuch handelt, haben sie sich einmalig auf diese Sache eingelassen.

Die Stellungnahme der Schule ist pragmatisch. Die Schule macht das, weil das Modell es so vorsieht. Bei zwei Praxistagen in der Woche müßte zuviel Unterricht gekürzt werden. Die Praxistage rekrutieren sich aus vielen Handwerkbetrieben und dem sozialen Bereich.

Stellungnahme zur grundsätzlichen Frage der Praxistage
Die Anwesenheit im Betrieb einmal in der Woche wird nicht für sinnvoll eingeschätzt. Das übliche Blockpraktikum wird präferiert: „Wenn ein Schüler den Beginn eines Arbeitsprozesses mitbekommt, aber nicht seinen Abschluß, ist das für ihn viel unbefriedigender als für einen Schüler, der den Prozeß am Stück von Anfang bis Ende miterleben kann."

Außerdem würde die über zwei Jahre laufende Einführung von Praxistagen an einem Tag in der Woche hieße auch eine erhebliche Reduzierung des Unterrichtes.

Die gesamte, vorgeschriebene Zeit von 60-80 Tagen wird in Bohmte , dass alle berufsvorbereitenden Maßnahmen hier eingerechnet werden. Das sind zwei Blockpraktika, das Auslandspraktikum, eine Woche Handwerkskammer. Die Schule hat alle Maßnahmen aufgelistet, kann also einen entsprechenden Nachweis für die Absolvierung der vorgeschriebenen Praxistage erbringen. Daraus ist auch zu ersehen, was alles von den bisherigen Veranstaltungen unter „Praxistage" subsumiert wird.

Hauptschule Bramsche

Vor dem Praxistageerlaß hat der Schulleiter schon vor seiner Tätigkeit in Bramsche an seiner vorherigen Schule im 10. Schuljahr einen Praxistag pro Woche durchgeführt. Damals stelle er bereits große Zurückhaltung bei den Betrieben fest: „Um Gottes Willen, der Praktikant ist ja wieder da!" Das ist der Grund dafür, dass in Bramsche die Praxistage nicht wie im Erlaß vorgesehen durchgeführt werden. Bisher werden in der achten Klasse zwei Wochen Praktikum, in der Klasse neun drei Wochen Praktikum und in Klasse zehn noch einmal zwei Wochen Praktikum durchgeführt. Damit ist, durch dieses „Blocken von Praxistagen"[1], das Soll von 60-80 Tagen erreicht.

Auch an dieser Schule gab es vor Erscheinen des Erlasses (Praxistage) Praktika mit dem gleichen Ergebnis wie vor beschrieben: „Die Betriebe konnten mit einem Praktikanten, der nur einmal in der Woche kam, nichts anfangen. Sie hatten den Praktikanten dann auch nicht eingeplant, weil der ja immer wieder eine Woche lang gar nicht da war." Das Problem des Praxistages einmal pro Woche gibt es vor allem in den Kleinbetrieben.

Durch den Erlaß hat sich an der Schule nichts geändert. Die Praktika alter Art sind auch deshalb inzwischen nahezu unverzichtbarer Bestandteil des schulischen Praxisangebotes, weil die Betriebe von den Bewerbern um einen Ausbildungsplatz erwarten, dass er vorher ein Praktikum absolviert hat.

Die große Zahl der Praktikumsplätze suchenden Schulen wird auch als Belastung angeführt.

Die Leistung der Betriebe, Praktikanten aufzunehmen, wird als große Leistung eingeschätzt. Es ist deshalb auch nichts Ungewöhnliches, dass die Betriebe die Inhalte des Praktikums vorgeben.
Zu weiteren Veranstaltungen hat diese Schule eine Besonderheit, eine einwöchige Fahrt zu einer intensiven Berufsorientierung zur Akademie in Duderstadt.

---

[1] So die Sprachregelung, die nach Erscheinen des Erlasses zur formalen Berücksichtigung genutzt wird

Karl-Stahmer-Hauptschule GMHütte

Hier fand kein Interview im eigentlichen Sinne statt. Dafür hat der Schulleiter Herr Engelhardt die Fragen nach der schriftlichen Vorlage des Interviewleitfadens schriftlich beantwortet. Diese Äußerungen werden hier wiedergegeben:

Die Praxistage sind integriert in das bisherige Programm zur Berufsvorbereitung und „nur ein Teil" davon. Die Betriebspraktika (drei Wochen in Klasse neun und zwei Wochen in Klasse zehn), ein schulinternes Praktikum in Klasse acht für begrenzte Bereiche, Berufsorientierungstag, Stärkenanalyse bei den Schülern, Projekte der intensiven Ausbildungsplatzsuche, Technik vor Ort, angewandte Technik und Praxistage aus der berufsbildenden Schule in Osnabrück für technische Berufe gestalten die Berufsorientierung in GMHütte. Die Vorbereitung der Schüler auf die Praxistage erfolgt rein organisatorisch. Sie werden dann nachbetrachtet und nachbereitet im Arbeitslehreunterricht.
Quantitativ werden im 8.Schuljahr 20 Praxistage jeweils donnerstags durchgeführt. Zur Auswahl standen, damit die Schüler ihre Interessen einbringen können, große Bereiche: Handwerk, Dienstleistung, Wirtschaft, Verwaltung als Beispiele. Dann erfolgt der Einsatz mit den Inhalten, die von den Betrieben vorgegeben werden. Dabei steht die gesamte Bandbreite der Tätigkeiten zur Verfügung, die in den Betrieben üblich sind.

Die Betriebspraxistage zur Berufsvorbereitung werden sowohl von der Schule als auch von den Firmen sehr kritisch gesehen. Problematisch sind sie für die Betriebe, da die Praktikanten nur einen Vormittag in der Woche anwesend sind. Die Vermittlung bestimmter Fähigkeiten gelingt damit nur in Ausnahmefällen. Das führt bei allen Beteiligten zu einer großen Unzufriedenheit.
Inzwischen weigern sich Firmen, die Schüler weiter bei sich zu beschäftigen. Dazu zählen auch verständliche disziplinäre Gründe, Unzuverlässigkeiten der Schüler usw. Für eine Regelung muß dann die Schule sorgen, wenn die Schüler von den Firmen abgewiesen werden. Zum Schluß: „Ob wir die Betriebspraxistage auch in Zukunft weiterführen werden, ist noch offen."

Die Schüler kommen aufgrund der vielen anderen Maßnahmen auf über 60 Praxistage, und deshalb könne man auch auf sie verzichten. Des heißt, formal gibt es dann noch Praxistage, aber darunter werden all die Veranstaltungen subsumiert, die bisher schon ausgeführt wurden.

Haupt- und Realschule Neuenkirchen

Die Schule greift bei der Erfüllung des neuen Erlasses auf eigene Projekte von 1993 zurück. Sie hat also auch ohne den Erlaß diese Projekte getätigt und mit ihren Projekten immer integriert gearbeitet, Unterricht und Projekte (sie nennen es nicht Praxistage) miteinander verbunden in unterschiedlichen Fächern. Dieses Projekt heißt „offene Klassen – offene Höfe". Die Regelung mit den Landwirten der Gegend war entwickelt worden, weil für eine offene Struktur von Praxistagen die Region aufgrund der strukturellen Begrenzung auf Landwirtschaft und Kleinstbetriebe in wenigen Branchen nicht allgemein Betriebserfahrung vermittelt werden konnte.

Diese Struktur wurde vorgestellt. 20 Projekttage sehen vor, dass 4 Tage in der ersten Woche ein Betrieb besucht wird, ab der zweiten Woche werden über 3 Monate einmal pro Woche, immer am gleichen Tag, die Betriebe besucht. Zum Schluß gehen die Schüler vier Tage hintereinander auf einmal in den Betrieb. In den nachfolgenden Klassen (Klasse 8 und 9) sind andere Projekte geplant, „Berufsberater" oder „Ich gehe mit Dir zur Arbeit". Und ein weiteres Projekt der 10. Klasse steht unter dem Arbeitstitel „In den Arbeitsplatz begleiten". Zusätzlich gibt es weiter Begleitprojekte, damit die Schüler sich in allgemeiner Form auf einen Beruf vorbereiten können, wenn der Wunschberuf nicht realisierbar ist.
Auf Rückfrage wird noch einmal bestätigt, dass alle diese Projekte vor dem Erlaß bereits durchgeführt wurden.
Je Betrieb ist ein Schüler in einem Praxistag.
Die Verbindung der Projekte mit dem Unterricht ist so strukturiert, dass drei Monate nach dem Projekt sie im Unterricht nachbereitet werden und danach gibt es noch einen Projektabend. Dort werden die Ergebnisse der Projekte ausgestellt und den Betreuern und Bearbeitern in den Betrieben vorgestellt.

Bei den Nennungen der Berufe, die die Schüler in den Betrieben kennenlernten, trat eine Berufehäufung auf.
Das liegt in der besonderen Struktur des Projektes zum Berufe kennen lernen, wo zunächst eine Vielzahl von Berufen vorgestellt wird, die dann im Laufe der Beschäftigung von den Schülern focussiert werden auf immer weniger Berufe bis schließlich zum Wunschberuf.

Die Möglichkeiten, Wunschbetriebe auszusuchen, waren hier selten.

In Klasse 7 werden nur landwirtschaftliche Betriebe besucht. Dabei soll es nicht um Berufsfindung gehen, sondern um Primärtugenden gehen wie Pünktlichkeit, soziale Kompetenz soll vermittelt werden, Bräuche auf dem Lande vorgestellt werden, das Leben und Arbeiten in einem großen Familienverband.

In Klasse 8 gibt es dann Projekte in all den Berufen, die die Schüler wünschen.

Neben diesen Projekten gibt es noch das normale Betriebspraktikum. Vor das normale Betriebspraktikum wird das Projekt Berufsreporter gesetzt.

Es werden Schülerfirmen eingerichtet, um in diesen Simulationen zeigen zu können, wie eine Firma strukturiert sein muß und wie sie funktioniert. Das sei den Betrieben sehr wichtig.

Der Erlaß ist an dieser Schule lediglich eine offizielle Rechtfertigung für die Projekte. Sie macht nach diesem Erlaß nichts anderes als vorher schon geplant und durchgeführt wurde.
Dabei wird aber auch darauf aufmerksam gemacht, dass durch den Erlaß, gerade in strukturschwachen Gebieten (wie im Nordkreis) die Betriebe von Schülern überlastet werden, die dort permanent ein Praktikum machen müßten. „Es wird also auch für uns schwieriger, Leute unterzubringen. Aber die Betriebe sind ja empfänglicher für Projekte, die gut strukturiert sind als für Schüler, die ‚einfach so' einmal in der Woche oder am Stück kommen.“

Haupt- und Realschule Ostercappeln

Antwort auf die Frage 1:
Die erforderliche Strukturierung des Erlasses, um die Praxistage in den Schulen durchführen zu können, hat in Ostercappeln zu einem Modell geführt, dass die Praxistage auf dem Bauernhof geleistet werden sollen, entsprechende Plätze stehen aber nur für 18-20 Schüler zur Verfügung. Die anderen Schülern der achten und neunten Klassen müssen dann in Technik und Hauswirtschaft unterrichtet werden. Damit alle in den gleichen „Genuß" kommen, gibt es eine Rotation. Inzwischen, da das mit den Bauernhöfen nicht so wie gewünscht gelaufen ist, werden zusätzlich zum Bauernhof auch das Krankenhaus und ein Bauunternehmen hinzugezogen.

Antwort auf die Frage 2:
Die Schule hält sich hier an die Strukturvorgabe. Es gibt über vier Monate wöchentlich einen Tag für diese Praxistage. Die Tätigkeiten der Schüler im Technik- und Hauswirtschaftsunterricht werden für diesen Erlaß als Praxis definiert, denn es gibt zu wenig Betriebe, um alle Schüler an dieser Praxis teilnehmen zu lassen.

Antwort auf die Frage 3:
Nach dem Erlaß hat sich insofern in der Schule etwas geändert, als die Zahl der Praxisstunden erweitert wurde. Da es eine Wahlmöglichkeit gibt und deswegen die Praktika auf den Bauernhöfen auch ganz abgewählt werden können, überwiegt – in welcher Form ist nicht genannt worden – der Technik und Hauswirtschaftsunterricht.
Mit den Betrieben wurde abgestimmt, was die Schüler machen sollen. Dazu gehört das Füttern der Tiere, bei Höfen mit Melkvieh auch das Melken, bei dem gesagt wird, dass die Schüler helfen müssen (was nicht genau beschrieben wird: Was kann man als jugendlicher ungelernter Schüler bei dieser Tätigkeit helfen?) Im Frühjahr wird die Bestellung der Felder als Praxismöglichkeit angeboten.

Antwort auf die Frage 4:
Je Betrieb ist an einem Praxistag nur ein Schüler. Das ist Absicht, besonders, um die Betriebe nicht mehr als notwendig zu belasten. (Daraus spricht natürlich auch der Umstand, dass die Praxistage für die Betriebe ein Problem darstellen.)

Felix-Nußbaum-Schule Osnabrück

Von dieser Schule wird gleich zu Beginn des Interviews unmißverständlich klar gelegt, dass es keinen einzigen Praxistag gebe. Es wurde statt dessen das normale Praktikum auf drei Wochen aufgestockt und zusätzlich ein zweiwöchiges Sozialpraktikum in Klasse 10 durchgeführt. Daneben stehen Projekte z.B. mit der Volkshochschule, der Familienbildungsstätte, dem Gemeinschaftszentrum, dem BNW, der AOK, der Handwerkskammer und dem BIZ auf dem Plan. Die Schüler sollen sich mit diesem Programm nicht auf einen Bereich festlegen. In den Klassen 9 und 10 können sie einen Betrieb für das Praktikum nach eigenen Vorstellungen aussuchen. Nur Klasse 10 wird vorstrukturiert.

Diese Entscheidung gründet auf Erfahrungen mit Betrieben. Die Betriebe wollen keine Praktikanten, die nur einmal in der Woche kommen. Denn dann müßten die Schüler jede Woche neu eingearbeitet werden. Es gäbe so gut wie keinen Betrieb, der das mitmache. Außerdem wäre das organisatorisch so gut wie unmöglich, eine Klasse den ganzen Tag in der Woche auszulagern. Eine Schwierigkeit mit den Praxistagen sei, dass diese Schüler an der Felix-Nußbaum-Schule wegen ihrer Sozialisationsdefizite eine klare feste Wochenstruktur brauchen. Bei anderen Störungen im Wochenablauf kenne man diese Schwierigkeiten an den Folgetagen. „Wenn wir z.B. donnerstags einen Praxistag hätten, dann wäre die Klasse am nächsten Tag nur halb gefüllt. Zumindest für unsere Schule wäre ein Praxistag nicht durchführbar."

Außerdem wird auf ein weiteres Problem hingewiesen, das mit der Einrichtung von Praxistagen eskalieren würde: Am Ende eines Schuljahres komme man mit dem bisherigen Plan nicht mehr zurecht. Das liegt an der Vielzahl von Praxistagen, die andere Schulen mit Betrieben organisieren wollen.

Zu den Praktika wird eine Vorbereitungzeit von ungefähr zwei Monaten vorgeschaltet. Die Schüler werden informiert über das, was sie im Betrieb beachten sollen, z.B. den Ausbildungsgang eines Berufes, kennenlernen eines kompletten Arbeitsvorganges und ihn dokumentieren.

Neben den Praktika gibt es zur Berufsorientierung Stärkenanalysen, Vorstellungsgesprächsprojekte, Bewerbertraining. Eine Berufsorientierungswoche in der 9. Klasse, in der 8. Klasse ein Berufsorientierungspraktikum und in Zusammenarbeit z.B. mit der Handwerkskammer eine einwöchige Berufsfachschulerkundung.

Abschließende Bemerkung des Schulleiters: „Es ist mir sehr wichtig zu betonen, dass wir all diese Sachen auch schon durchgeführt haben, bevor der Erlaß für die Praxistage kam."

Hauptschule Innenstadt Osnabrück

Auf die erste Frage, was in der Schule nach Veröffentlichung des Erlasses geschehen ist:

Da die Einschränkung der vorgeschriebenen 60-80 Praxistage auf die Jahrgänge acht und neun, nach Rücksprache auch auf den Jahrgang zehn erweitert wurde, fragt die Schule (Konferenz), inwiefern sich dieser Erlaß überhaupt von den bereits bestehenden Maßnahmen zur Berufsorientierung unterscheidet. Es erfülle sie mit Skepsis, weil außer Betrieben aus der Wirtschaft auch jede erdenkliche Einrichtung als Möglichkeit bis hin zu den Tätigkeiten in Werkräumen der Schule zugelassen sind. Bisher hat die Schule Praxis immer verbunden mit Einblicknahme in betriebliche Realität der freien Wirtschaft. Die Schule hat sich auf diese Reduktion, Praxistage auch in eigenen Fachräumen durchzuführen, nicht eingelassen. Sie hat Kontakt mit ausbildenden Betrieben aufgenommen, den diese wohlwollend aufnahmen, die Betriebe lehnten aber einen Tag pro Woche ab. Auch die Schule wußte nicht, wie sie pro Woche didaktisch einen Tag einnehmen sollte. Weitergehende Fragen wurden vom Ministerium nicht beantwortet. Deshalb fühlte die Schule sich allein gelassen und es wird noch mal gefragt, worin sich die Betriebs- und Praxistage von vor- und nachbereiteten Erkundungen unterscheiden, was sie abhebt vom Schülerbetriebspraktikum. Die Schule äußert große Distanz zu dem Erlaß.

Teile des Kollegiums sind nicht der Meinung, dass an dieser Stelle praktische Arbeit an sich einen erkenntnisgewinnenden Effekt automatisch erzielt.

Wann beurteilt die Schule ein Praktikum als Erfolg?

Auch hier wird Skepsis geäußert, ob berufsrelevante Tätigkeiten von den Schülern in den Betrieben erlebt und beobachtet werden können und welche berufsrelevanten Tätigkeiten dort ausgeübt werden können.

Welche Erwartungshaltung hat die Schule, wenn die Achtkläßler in dieser Form in die Betriebe gehen?

Sie können so gut wie keine berufsrelevanten Tätigkeiten kennenlernen.

Eine Definition des „übertragenen Lernens" verdeutlicht das, was sie unter der Kritik versteht. Dem Lernenden muß die Situation verdeutlicht werden, in der er lernt, und dann muß ich ihm Hilfsmittel und Instrumente in die Hand geben, die ihn in die Lage versetzen, Erfahrenes auf eine andere Situation zu übertragen.

Ohne Transparenz dieser Lernsituation und ohne Vermittlung von Instrumenten lernt der Schüler nichts."
Bestimmte Sekundärtugenden können zwar auf die Weise der Praktikakonfrontation gelernt werden, aber letztlich muß die Vermittlung dieser Werte eher im Elternhaus und in der Schule geschehen, aber der Besuch eines Betriebes ist wenig dazu geeignet.

Ist der geforderte Aufwand für das, was in diesen Praxistagen erreicht werden kann, zu rechtfertigen?
Wie hoch ist der Aufwand, wie hoch der Ertrag, der hierbei herauskommt?

Der Ertrag steht in einem krassen Mißverhältnis zu dem betriebenen Aufwand.

Auf die Möglichkeit von Schülerfirmen zur Abdeckung des Praxiserlasses einzugehen, ist Herr Kaes skeptisch. Die Schule wird ihre Entscheidung erst nach gründlicher Diskussion fällen.

Lernen und Praxis – als Wege zum Beruf
Ein Ziel des Faches Arbeitslehre

Die Problematik des Lernens in der und durch die Arbeit, mit der Zielsetzung, Einblicke in die Arbeitswelt zu gewinnen und zur Berufsorientierung Informationen aus eigener Tätigkeit zu finden, wurde bereits früh im Stadium der Einführung der Arbeitslehre als Berufsvorbereitung erkannt. Was läßt sich für die Schüler an Kenntnissen und Erfahrungen gewinnen, wenn sie mit – meistens bisher unbekannten - betriebsspezifischen Erscheinungsformen konfrontiert werden? Ein Rückblick auf diese Diskussionen vermag zu erhellen, ob die Vorstellungen über massive Praxiseinbindung und –ergänzungen fundierte Lernprozesse zur Berufsorientierung zu initiieren, als solide, verantwortungsbewußt und curricular fundiert bewertet werden dürfen.

Das überlieferte Bildungsverständnis, das versucht, die tradierten Denk- und Verhaltensregeln weiterhin zu pflegen, die aus der Idee des Lebensberufes und der lebenslangen Berufstreue entwickelt wurden, sind angesichts der veränderten Berufs- und Arbeitsbedingungen in eine Krise geraten.

Aber auch der fehlende Bezug zur Arbeitswirklichkeit wird inzwischen als belastend empfunden, denn es müßten jetzt zur Zielsetzung von Inhalten einer Erziehung und Ausbildung unter den Bedingungen der mobilen Gesellschaft des 21. Jahrhunderts neue Bezüge gefunden werden, weil der überkommenen Berufsauffassung besonders das Element der Mobilität fehlt. Die lebenslange Ausübung eines einmal erlernten Berufes ist kein allgemein gültiges Kriterium mehr.
In den Bezügen zur Realität – teilweise auch immer noch in den Betriebspraktika – herrscht ein Erziehungsdenken, das der Vorstellungswelt der vorindustriellen Gesellschaft nahesteht, die durch Seßhaftigkeit, Stetigkeit und Beharrung gekennzeichnet war.

Den fehlenden Bezug zur Arbeitswirklichkeit herzustellen, reichen Betriebspraktika ohne Ergänzungen, die sich allein der Konfrontation der betrieblichen Realitäten verpflichtet fühlen, nicht aus. Sie müssen in ein System integriert werden.
Wichtig zu erkennen für die Schüler heute ist die Forderung in der industrialisierten Arbeitswelt nach Mobilität. Denn an die Stelle des für jeden in alten Vorstellungen gepflegten, verordneten Berufsstandes und Berufsstatusses ist eine allgemeine Mobilität getreten.

Der Wandel vorindustrieller Formen kann daran gezeigt werden, dass das früher festliegende Leistungsgefüge vieler Berufe einer ständigen Verflüssigung und

Auflösung unterliegt. Die Technisierung läßt ehemals inhaltsreiche Tätigkeiten auf einfache Bedienungshandgriffe reduzieren oder zu veränderten Verrichtungen nur gruppieren, aber auch evtl. mit neuartigen technischen Arbeitsmitteln und Arbeitsverfahren in Beziehung setzen, „für die laufend entstehende Tätigkeiten und Tätigkeitskombinationen innerhalb teilweise hochgeschraubter Arbeitsaufgaben als charakteristisch"[1] anzusehen sind. Das belegt aber auch die Schwierigkeit oder gar Unmöglichkeit, einen Ausbildungskanon im voraus aufzustellen. Man weiß nicht recht, was nun eigentlich gelehrt und gelernt werden soll.

In diese Suche kamen Diskussionen hinein, die einen Weg weg von dem dualen System zu einer schulischen Berufsbildung suchten. Die betriebsgebundene Berufsausbildung sollte in Deutschland nicht länger die gemäße Form bleiben. Karlwilhelm Stratmann spottete über das Duale System, dass der Begriff der Ernstarbeit im Betrieb sich mühelos in eine disziplinierende Richtung ausweiten oder doch auslegen ließe: Betriebsgebundene Ausbildung ist anders als eine Ausbildung und Erziehung unter der Glasglocke der Schule – deshalb sei die für Deutschland gemäße Form die in der kühlen und scharfen Luft des Betriebes stattfindende das beste Training für das Leben.[2]

Unabhängig davon, ob die Berufsausbildung der jungen Menschen in Vollzeitschulen/Fachschulen erfolgt, oder ob sie im Dualen System in einen Beruf eingegliedert werden, für die Berufswahl ist neben anderen Faktoren entscheidend, ob und wie sie realitätsbezogene Vorstellungen über ihren Wunschberuf zur Festigung ihrer Wahl erhalten. Bekommen sie die besseren Informationen über die Praxis selbst, d.h. werden die Schüler über den Umgang mit beruflichen Tätigkeiten in realen Betrieben zu einer fundierten Entscheidung geführt?

Im Analogieschluß versuchen wir, die Möglichkeiten des Kennenlernens der Praxis in den Praxistagen zu prognostizieren, indem wir die Erfahrungen aus den Betriebspraktika zur Beurteilung heranziehen. Dabei werden die negativen Aspekte, die sich aus der Ergebnisanalyse der Schülerbetriebspraktika in einer Reihe empirischer Untersuchungen belegen ließen, für die Praxistage wegen deren Struktur der relativen Isolierung der Eindrücke und der noch geringeren Systematisierungsfähigkeit noch stärker zu Tage treten.
Z.B. haben Eckert/Stratmann[3] hervorgehoben, dass die Teilnahme an der Arbeitswelt durch fachliche Qualifikationen und Spezialisierungen vermittelt

---

[1] Spranger, Eduard, Umbildungen im Berufsleben und in der Berufserziehung, in: Die berufliche Ausbildung, Bern, 3. Jg. 1950, S. 41-47
[2] Karlwilhelm Stratmann, Berufsausbildung auf dem Prüfstand: zur These vom „bedauerlichen Einzelfall", in: ZfPäd 5/1973, S. 732
[3] Eckert, Manfred/Stratmann, Karlwilhelm, Das Betriebspraktikum, Köln 1978

werde. Davon aber ist der Praktikant prinzipiell ausgeschlossen. So vermuten Feldhoff u.a.[1], der Praktikant lerne nicht Berufstätigkeiten, sondern allenfalls Tätigkeiten am Rande. Ein entscheidendes Problem für die Praktikanten ist, dass ihnen die Entscheidungsgänge im Arbeitsprozeß verschlossen bleiben, weil er die notwendigen Theorien nicht zur Verfügung hat, die ihm den Vorgang erklären können. Und noch kritischer urteilt Hampel[2]: „Angesichts der begrenzten Aussagekraft der Erfahrung an einem einzelnen Arbeitsplatz ist ein Betriebspraktikum, das nichts weiter als Arbeitserfahrung bietet, u.U. schlechter als gar kein Praktikum."

Giesecke sieht Versuche, isoliert von der realen Welt junge Menschen auf diese Welt vorzubereiten, eher skeptisch als pädagogische Provinz. Diese Gründe seien aber nicht mehr haltbar[3].

– Die Abschirmung (in der pädagogischen Provinz) folgt Kindheit und Jugend, wo der Ernst des Lebens nur eingeschränkt gelten sollte, hatte auch Nachteile zur Folge. Das Kind wurde aus dem normalen Leben der Erwachsenen ausgegliedert und in eine daran gemessene künstliche Welt versetzt. Das hatte zur Folge, dass ihm wichtige Erfahrungen und damit auch bedeutsame Lernmöglichkeiten verschlossen wurden. (Was ja früher in Handwerksfamilien, auf dem Bauernhof – aber auch in der Adelserziehung – zugänglich war.)

– Eine Geschäftsgrundlage nennt Giesecke eine Funktion der Provinz, dass die Abschirmung von äußeren Einflüssen nicht pädagogische Kontrolle ausschloß – ich nenne das jetzt mal die soziale Erziehung

– Die Vorstellung, dass die Entwicklung der kindlichen Fähigkeiten im wesentlichen aus einem inneren Reifungsprozeß hervorgehe, der zwar auf Anregung von außen angewiesen bleibe, deren Tempo und Richtung aber nicht wesentlich durch äußere Einflüsse beeinträchtigt oder bestimmt werden können.

Giesecke faßt zusammen: Die Gesellschaft, in der unsere Kinder aufwachsen, ist im weitesten Sinne pluralistisch. Sie besteht aus Teilmengen, die sich voneinander hinsichtlich der Konfession, der Weltanschauung und der politisch-ökonomischen Interessen unterscheiden. Daraus ergeben sich auch pluralistisch orientierte Normen und Werte, die miteinander in Wettbewerb stehen und um Zustimmung und Übernahme werben. Dazu ist es erforderlich, dass die Kinder und Jugendlichen ihre Fähigkeiten entwickeln, um einen befriedigenden Plan in der Gesellschaft und auch im Beruf besonders finden zu können. Das ist nur mög-

---

[1] vgl. Feldhoff, Jürgen, u.a., Projekt Betriebspraktikum, Düsseldorf, 2. Aufl. 1987
[2] Hampel, G., Die Funktion der Arbeitslehre in Schule und Lehrerbildung, Braak, Ivo, (Hg.), Itzehoe 1970, S. 45 und S. 56
[3] vgl. Giesecke, Hermann, Wozu ist die Schule da? Stuttgart 1996, S. 80 ff.

lich, wenn sie sich mit entsprechenden Anforderungen auseinandersetzen können, die geeignet sind, ihre Fähigkeiten herauszufordern und entsprechende Qualifikationen zu prägen[1].

Zum Erkennen der Wirklichkeit (der Realität) ist es nicht nur notwendig, die Erscheinungen der Arbeitswelt, d.h. eine statische Betrachtung evtl. sogar nur eine punktuelle Betrachtung wahrzunehmen, sondern der Prozeßcharakter der Produktion, aber auch der Prozeßcharakter der Berufswahl müssen berücksichtigt werden. Allerdings äußerten die Auszubildenden auch in gleichem Maße (60,2%), dass die Lehrer der allgemein bildenden Schule mehr über die Ausbildung im Dualen System wissen müßten, damit die Schüler auf den Übergang besser vorbereitet werden könnten. Auf Fragen nach genauer Bestimmung der Defizite konnten die Auszubildenden allerdings nur in begrenztem Umfang Auskunft geben. 44,4% gaben auf diese Frage keine Antwort. Die Antworten, die wir auswerten konnten, blieben außerdem wenig konkret, welche Ursachen die Schüler für die empfundenen Schwierigkeiten identifizierten. Die Erscheinungen der Arbeitswelt – das Sichtbare – ihre Oberfläche – werden von den Schülern aufgenommen aber nicht durchdrungen. Sie dringen nicht vor zu den Gesetzmäßigkeiten und Abläufen der Produktion und Produkterstellung. Diese sind abstrakt und nicht visualisierbar. Eine Lehrerbetreuung vermag hier kaum zu helfen, weil auch sie diese Gesamtrealität nicht kennen und deshalb auch nicht vermitteln können. Und sie sehen auch nicht die Zusammenhänge zwischen den Ausbildungsformen im Dualen System und dem betrieblichen Interesse am der adäquaten Qualifizierung der Arbeitskräfte. Doch dadurch entstehen Forderungen an die Jugendlichen und an die Schule, die Bedingungen der Praxis in den Unterricht und auch in die Vorbereitung der Praktika aufzunehmen, sind auf diese Weise nicht erfüllbar. Georg Groth[2] hat über die Genese der Betriebspraktika deren Entwicklung deutlich gemacht.

Praktika sollten Defizite der Schule ausgleichen, indem sie in direktem Kontakt der Arbeitswelt den Grad der *Anschaulichkeit* im Unterricht verbessern sollen. Das Praktikum blieb dem Lernort Schule zugeordnet.
Später dagegen sollten die Betriebspraktika die Defizite des Lehrplans ersetzen, sofern die Schule nicht in der Lage war, durch neue Schulfächer den Praxisbezug herzustellen oder durch geeignete Lehrer die Wirtschafts- und Arbeitswelt zu repräsentieren. Erst später wurde diskutiert, welche Lehrziele und Aufgaben der Betrieb für die Schule bei der Hinführung zur Arbeits- und Berufswelt erfüllen könne. Auch Groth sieht in der euphorischen Überbetonung des Praktischen in den Praktika die Gefahr, dass man hier dem „Kult der Anschaulichkeit"

---

[1] vgl. ebenda, S. 88
[2] Groth, Georg, Betriebspraktisches Seminar für Lehrer-Studenten der Arbeitslehre, in: Das betriebspraktische Seminar, Schneidewind K./Johannsen, C. (Hg.), Düsseldorf 1984

erliege. Man muß aber beachten, dass die Entwicklung der Wirtschaft, besonders in der Produktionssphäre, immer weniger durch Anschaulichkeit vermittelt werden kann. Man kann bei Nichtbeachtung der Schwierigkeiten erreichen, dass die Informationen über die betriebliche Wirklichkeit, die nicht als geordnete Information angeboten wird, die vorgetragenen Daten eher zur Desinformation und zur Desorientierung führen als zur Erleichterung bei der Realisierung eines Berufswunsches. Was Groth hier zur Praxis in den Betriebspraktika sieht, gilt auch für die Praxistage.

Da den Praktikumslehrern für die Wirksamkeit des Betriebspraktikums gerade die unmittelbare Praxisvermittlung vorschwebt, besteht die Gefahr, dass sie Betriebe mit sehr einfachen Strukturen für die Schülerpraktika präferieren. Deshalb reduzieren einige Vorstellungen von Betriebspraktika die im Praktikum zu erreichenden Ziele auf das unmittelbar Überblickbare. Das aber ist keinesfalls selbst in den einfachsten Berufen nicht erschöpfend darzustellen.

Wenn eine sinnvolle Verkoppelung von schulischer und betrieblicher Ausbildung unerläßlich eine Systematisierung der betrieblichen Ausbildung zur Voraussetzung hat, dann kann und muß diese Forderung ebenso auf die Gestaltung der Betriebspraktika bezogen werden.[1]
Es darf nicht soweit kommen, dass bereits aus der Konfrontation der Jugendlichen mit der Arbeitswelt, Erkenntnisse auf den allgemeinen Wert einer Ausbildungsform erwartet werden. Da den Lehrern eigene Erfahrung und auch eigene Kenntnisse über die Realität der Arbeitswelt und auch die Kenntnis der Realität der betrieblichen Ausbildung fehlen, erscheint es oft so, dass die Betriebspraktika als günstige Gelegenheit gesehen werden, die Aufgabe zur Vermittlung entsprechender Kenntnisse von der Schule weg auf die Praxis selbst abzuschieben.
Wenn man die Praktika so isoliert an die Schule anschließt, dann kommt es zur Übernahme dieser Praxis als ein Beispiel für die Realität der betrieblichen Arbeit in den Unterricht. Diesen Beispielcharakter können solche Betriebspraktika aber nicht bieten.

Die Erkenntnis der Vielschichtigkeit der Arbeitsvollzüge ist für den Berufsanfänger (sicherlich auch für den Praktikanten) ganz neu. Sie erwächst nur aus der unmittelbarsten Anforderung der ordnungsgemäßen Erledigung der jeweiligen Arbeitsaufgabe.

Der sachlich rationale Beruf ist ein Tätigkeitskomplex. Er wird erst durch die rationale Arbeitsteilung in einem hochorganisierten Leistungsgefüge geschaffen. Die Tätigkeiten sind weitgehend vom sachlich bestimmten Arbeitsablauf vorge-

---

[1] Auf diesen Zusammenhang hat auch Karlwilhelm Stratmann a.a.O. hingewiesen.

geben und verändern sich mit ihm. Demgegenüber hätten die naturgegebenen Berufe alle einen langfristig konstanten Tätigkeitsinhalt.[1]

Als Ergebnis einer Praxiskonfrontation wird aber dann nach den Vorstellungen der praktischen Ausbildung erwartet, dass sich auf eine bestimmte Situation hin, die konstante Tätigkeitsinhalte hat, ein sich selbst vollziehender Reifungsprozeß erfolgt. (Lempert/Ebel)

Joachim Münch[2] kritisiert die Ansichten, dass eine Ausbildung durch den Beruf in überschaubaren und vorwissenschaftlichen Systemen gleichzeitig die Ausbildung für den Beruf sei. Diese Einschränkung auf überschaubare und vorwissenschaftliche Systeme wird heute noch als Realität bei der Einrichtung von berufsvorbereitenden Maßnahmen und auch bei der Einführung in die berufliche Ausbildung hingenommen. „Mit zunehmender Rationalisierung und Atomisierung der Arbeitswelt gewinnt die Ausbildung für den Beruf gegenüber der Ausbildung durch den Beruf zunehmend an Gewicht."[3] – das galt bereits 1971.

Münch fordert, die Arbeitsplatz- und Berufsanalysen auf eine empirische Basis zu stellen, damit die gegenwärtigen Aufgaben und Funktionen bekannt werden. Denn wenn es richtig ist, dass die heutige Ausbildung zumindest für bestimmte Berufe nicht mehr geeignet ist, dann können diese Berufe auch nicht in Praktika überprüft werden.

Es zeigt sich, dass Praktika auch hinsichtlich der Vermittlung von Informationen über die Berufs- und Arbeitswelt nicht alle die Funktionen zu übernehmen vermögen, die ihnen zugemutet werden. Eine Reihe von Kenntnisse sind eben nicht aus der unmittelbaren Anschauung oder dem eigenen praktischen Tun zu erwerben, sondern lediglich abstrakt theoretisch, d.h. in Unterrichtsveranstaltungen.

Reinhold Hedtke und Gerhard Duismann haben die Kritik von Münch erneuert – ein Zeichen dafür, dass die Probleme noch immer nicht in ihrer Tragweite und in ihren Konsequenzen für die Berufswahl und die Berufsausbildung gesehen, geschweige denn gelöst erscheinen.

So ironisiert Hedtke das Bestreben nach immer mehr Praxis
„ ‚Praxisbezug' ... (hat) die öffentliche Eigenschaft, immer knapp zu sein, denn aus Sicht des pädagogischen und bildungspolitischen Diskurses... kann es an-

---

[1] vgl. Fürstenberg, Friedrich, Normenkonflikte beim Eintritt in das Berufsleben, in: Luckmann, Thomas/Sprondel, Walter Michael (Hg.), Berufssoziologie, Köln 1972
[2] vgl. Münch, Joachim, Berufsbildung und Berufsbildungsreform in der Bundesrepublik Deutschland, Bielefeld 1971, S. 15
[3] vgl. ebenda

scheinend nicht genug Praxisbezug ... geben. Völlig unabhängig davon, wieviel man davon schon hat.“[1]

Er stellt fest. dass die Betroffenen, wie in den Fragen der Bedürfnisbefriedigung mit Produktion von Gütern und Dienstleistungen reagieren: durch Wachstum, d.h. dem Bedürfnis nach Praxisbezug werde eine natürliche Dignität zugeschrieben, eine selbstkritische Auseinandersetzung mit der Frage, ob die Situation nicht dadurch entstanden sei, dass das Bedürfnis nach Praxisbezug überzogen wurde, findet nicht statt. Hedtke nennt das „das Praxisbedürfnis wird naturalisiert“.[2]

Für Duismann[3] stellt sich als erstes die Frage, ob praktische Erfahrungen sowohl in Betrieben als auch in Veranstaltungen, die Betriebe simulieren, das systematische Lernen im Unterricht – in der Schule – ersetzen. Diese Frage erweitert er nämlich dahin: Man müsse versuchen herauszufinden, was man in den sehr unterschiedlichen Feldern der Praxis eigentlich lernen kann und welche Relevanz dieses Gelernte hat.
Damit sieht er das Problem als grundsätzliches Problem zum Verständnis von Schule und Lernen überhaupt an.
Ein Problem, das mit den nicht ausreichend reflektierten Möglichkeiten praktischen Lernens verknüpft ist, sieht Duismann darin, dass das auf Unterrichtsprobleme z.B. im Fach Arbeitslehre durchlagen kann und durchgeschlagen ist, nämlich: die Uneinheitlichkeit und überzogenen Ansprüche und damit die relative Beliebigkeit und Zufälligkeit der Praxis diese Mängel verursache.

Unser Analogieschluß muß zu dem Ergebnis kommen, dass die Praxistage als Veranstaltung zur Information über Berufe und Berufsinhalte kaum geeignet sind. Wenn schon gegenüber Praktika skeptische Urteile belegt werden können, lassen sich diese auf die Praxistage verstärkt heranziehen.

---

[1] Hedtke, Reinhold, Das unstillbare Verlangen nach Praxisbezug, in: Theorie-Praxis-Problem der Lehrerbildung, in: sowie-online, S. 2
[2] ebenda
[3] Duismann, Gerhard H., Holt die (betriebliche) Arbeitspraxis die Arbeitslehre ein? In: GATWU-Forum Nr. 2/2003, S. 36-41

Praxistage - Schülerfirmen

Allen Betriebs- und/oder Praxistagen, die sich seit wenigen Jahren als Versuche in einigen Bundesländern eingerichtet haben, ist in allen Formen die Hoffnung gemeinsam, mit verstärkten Praxiskontakten Lern- und Erfahrungsmöglichkeiten für Schüler zu eröffnen, die die Lernqualität verbessern und die Entwicklung der Ausbildungsreife unterstützen können. Begründet wird deren Einführung überall mit den veränderten Anforderungen der Arbeits- und Wirtschaftswelt, die eine praxisorientierte Berufsorientierung – besonders für Hauptschüler – notwendig mache.[1]

Die Schüler sollten darauf vorbereitet werden, - und das sei möglich in Schülerfirmen und in Berufs- oder Praxistagen - sich ständig mit neuen Ansprüchen und Anforderungen erfolgreich auseinanderzusetzen und in diesem Kontext wird immer wieder der Ruf nach neuen Lern- und Lehrkulturen laut. Mit ihnen soll die Schule sich von der faktenorientierten Wissensvermittlung zu einer prozeßorientierten Kompetenzvermittlung ändern. Die Betriebs- oder Praxistage mit veränderten Lernorten und regelmäßiger Präsenz bieten einen Rahmen, die Beschäftigungsfähigkeit der Schüler zu erhöhen.

Betriebs- oder Praxistage werden zum Methodenrepertoire neben Betriebserkunden, Betriebspraktika und Expertenbefragungen in der ökonomischen Bildung erklärt, ohne dass bestimmte Inhalte vorgegeben werden und die Praxistage erreichen können. Die Betriebe sollten die wichtigsten außerschulischen Lernorte sein, weil der Nachwuchs eine gehobenere Schulbildung brauche. Aber ob der Andrang zu den weiterführenden Schulen das auffangen kann, diesem Bedürfnis entsprechen könne, wird dadurch infrage gestellt, dass die Notwendigkeit, die dafür erforderlichen Begabungen zu erkennen, nicht gegeben sei. Aufstiegswünsche sollen realisiert werden, nur für diejenigen, die entsprechend „begabt" sind.

Denn die Entwicklungsanalyse der Wirtschaft und die Veränderungen in der beruflichen Tätigkeit fordern, die Schüler darauf vorzubereiten, sich ständig mit neuen Ansprüchen und neuen Anforderungen erfolgreich auseinanderzusetzen.

Die Entwicklungen in der Wirtschaft und in der beruflichen Tätigkeit werden aber nicht, wie es für das Plädoyer eines neuen, noch nicht evaluierten Modells erforderlich wäre, vorgestellt oder gar bewiesen oder auf Beweise verwiesen. Es gibt, ex cathedra Tätigkeiten, die eine Vorbereitung auf ständig neue Ansprüche und Anforderungen erforderten. Neben Veränderungen – zugegebenerweise auch teilweise schnellen und evtl. sogar hektischen Veränderungen – gibt es auch Kontinuitäten, sowohl in der Wirtschaft als auch in den beruflichen Tätig-

---

[1] Hübner, Manfred/Windels, Gerold, Schülerfirmen und Praxistage, in: Jung, Eberhard (Hg.), Zwischen Qualifikationswandel und Marktenge, Hohengehren 2008, S. 238-256

keiten. Dabei muß man auch noch unterscheiden, dass die Veränderungen der beruflichen Tätigkeiten in den verschiedenen Berufen sehr unterschiedlich sind. Z.B. bleibt dem Friseur kaum eine Möglichkeit für große Veränderungen, da sich Köpfe und Scheren nur marginal verändert haben und auch die Moden sich nur spärlich beim Herrenfriseur verändern. Darüber hinaus ist es selbst für die Bereiche, die sich schnell und kontinuierlich ändern, fraglich, ob mit diesen Veränderungen, den Praxistagen, - d.h. mit ersten Konfrontationen Jugendlicher mit Berufs- und Arbeitsrealität in Betrieben – zu beginnen wäre, ohne dass eigentlich vorher deutlich gemacht wurde, was das Spezifische sowohl an der Organisation, an der Institution Betrieb und an der Institution Beruf und den verschiedenen Berufen ist.

Das ist auch gerade die Krux der Betriebs- oder Praxistage, wenn sie veränderte Lernorte fordern. Die Schüler werden in den Betrieben nicht heimisch und ernsthafte Arbeiten kann der Betrieb von ihnen nicht erwarten.

Wie wird dennoch eine Lösung erwartet?

Erforderlich zur Erreichung der Beschäftigungsfähigkeit seien Veränderungskompetenzen, die in konkreten Situationen anzutreffen seien und dort erworben werden könnten. Die Situationen wären als reale Situationen außerhalb der Schulen in Betrieben, berufsbildenden Schulen oder auch innerhalb der Schule im Rahmen von besonderen Projekten zu schaffen, die zwar in fachlicher und räumlich-sozialer Hinsicht neu und fremd sind, die aber grundsätzlich nicht wesentliche Unterschiede zu den sonst von den Schülern oder Jugendlichen zu findenden Alltagssituationen aufweisen. Dazu ist zu beachten, dass die Anwesenheit der Schüler in den Betrieben im wesentlichen durch Zuschauen und Arbeiten begrenzt ist und nur in Form von Hilfstätigkeiten oder Teilsequenzen von Arbeiten ergänzt werden können. In ihrer Struktur ähneln sie denen in der umgebenden Arbeitswelt und Lebenswelt auch außerhalb der Betriebe – z.B. auch auf Reise. Auch dies sind dann Lernsituationen für die Schüler, ohne dass es dafür einer besonderen Organisation bedarf.

Nimmt man die Beschreibung der angeblich besonderen Funktionen dieser Betriebs- oder Praxistage, wie sie Giesecke/Hasse/Kaminski[1] in ihrer Diskussion um den Lernbereich Wirtschaft in toto und die „Arbeitslehre und Ökonomie" im besonderen verlangen, nämlich: „...unter der Zielsetzung Lernende mit solchen Kenntnissen, Fähigkeiten, Fertigkeiten und Verhaltenbereitschaften und Einstellungen auszustatten, die sie für die Bewältigung gegenwärtiger und zukünftiger Lebenssituationen befähige, sich mit den ökonomischen Bedingungen ihrer

---

[1] Giesecke, Hermann/Hasse, Jürgen/Kaminski, Hans, Lernbereich Gesellschaft, in: Haller, Hans Dieter/Meyer, Hilbert (Hg.), Ziele und Inhalte der Erziehung und des Unterrichts, Lenzen, Dieter (Hg.), Enzyklopädie Erziehungswissenschaft, Bd. 3, Stuttgart, Dresden 1995, S. 305

Existenz in ihren sozialen, funktionalen, politischen und rechtlichen, technischen und humanen Dimensionen auf privater, betrieblicher, und volkswirtschaftlicher Ebene auseinanderzusetzen", dann darf man zweifeln, ob durch die Praxistage als isolierte Sonderveranstaltung in den Betrieben dies auch nur annähernd leistbar ist oder werden kann – weder für die ökonomische Bildung noch für die Berufsorientierung.

Die Forderung, dass neues Wissen an die Erfahrung der Schüler anknüpft, um eine veränderte neue Deutung der Wirklichkeit zu erlauben, geht bei Hübner/Windels auf Erpenbeck/Heyse[1] zurück, läßt aber außer acht, dass dieses Modell von Erpenbeck u.a. für die berufliche Weiterbildung entwickelt wurde, wo es langjährige und gefestigte Erfahrungen bei den Nutzern gab und gibt, die jetzt die Basis für neue Erfahrungen sind.

---

[1] vgl. u.a. Erpenbeck, John/Heyse, Volker, Die Kompetenzbiographie, Münster, New York, München, Berlin 2007

Die DDR-Betriebstage oder „Tage in der Produktion"

Schon ein Blick auf die vorgestellten und vorgesehenen Grobstrukturen der Niedersächsischen „Betriebs- oder Praxistage" läßt zumindest eine nicht unerhebliche Affinität zu den „Tagen in der Produktion" erkennen, wie sie in der DDR als Teil des dort in allen Schulen eingerichteten polytechnischen Unterrichtes gab. Das läßt aufhorchen, da eine Adaption, selbst wenn die Wirkung auf die Berufsorientierung zu einer optimalen und konstruktiv gestalteten Information der Schüler führen würde – was wir versuchen wollen, mit unserer Erhebung bei Schülern und Lehrern mit den Methoden der empirischen Sozialforschung prüfen wollen – dann bliebe immer noch eine solche Adaption fragwürdig, da mindestens gleichrangig mit dem Ziel, berufliche Arbeitswelt zu erkennen, mit diesem Teil des polytechnischen Unterrichtes intendiert war, die Ideologie des Sozialismus/Kommunismus durch Unterricht und durch den Kontakt mit Vertretern der arbeitenden Klasse oder auch anders ausgedrückt, Werktätigen, zu festigen, vielleicht auch erst herzustellen.

Ob diese Intentionen in irgendeiner Form auch Bestandteil der Gedanken bei Einführung der Betriebs- oder Praxistage in Niedersachsen gewesen sein könnten, entzieht sich unserer Kenntnis und entzieht sich auch den analytischen Instrumentarien, die hierfür eingesetzt werden könnten.

Dennoch soll dem Leser deutlich werden, was es mit diesen Tagen in der Produktion in der DDR auf sich hatte, welche Ziele erreicht werden sollten, welche Mittel dazu eingesetzt wurden und wie die Wissenschaftler, die diese Konstruktion als neuen fortschrittlichen Schritt der kommunistischen Bildungsoffensive begleiten sollten, in ihren – zumeist internen – Diskussionen dazu kommentierten.

Wir haben für die Darstellung dieses Teils des DDR-Bildungssystems auf eine Dokumentation zurückgegriffen, die von Kohl/Sachs nach dem Beitritt der neuen Länder zum Bundesgebiet erarbeitet und vorgelegt wurde.[1]

Bei der Auswertung der Schrift über den polytechnischen Unterricht in der DDR werden nur diejenigen Passagen verfolgt, die sich mit dem „Unterrichtstag in der Produktion (UTP)" beschäftigen. Dieser Unterrichtstag in der Produktion wurde differenziert in 5 Grundlehrgängen durchgeführt. Die Differenzierung erfolgte nach Industrie und Landwirtschaft und nach Gebieten bzw. Regionen. In diesem Text wird das polytechnische Betriebspraktikum mit der Dauer von 2 Wochen nach der Klasse 10 diesen Unterrichtstag in der Produktion subsumiert.[2]

---

[1] Kohl, Steffi/Sachs, Conrad, Polytechnischer Unterricht in der DDR, Hamburg 2000
[2] vgl. ebenda, S. 120 f.

Für die Schüler, die die Klassen 11 und 12 der erweiterten polytechnischen Oberschule besuchen konnten, wurde eine „wissenschaftlich-praktische Arbeit (WPA)" eingeführt.

Für den polytechnischen Unterricht gab es mehrere Lehrplanauflagen für die Klassen 7 bis 10 der polytechnischen Oberschule. 1963 werden die Lehrpläne für den Unterrichtstag in der Produktion und für die Fächer „Einführung in die sozialistische Produktion" und „Technisches Zeichnen" weiterentwickelt. Sie dienten der Erziehung der Schüler „zur Liebe zur Arbeit". 1964 gab es einen präzisierten Lehrplan für den polytechnischen Unterricht in Industriebetrieben. Seine Zielsetzung war, die Befähigung der Schüler zur qualifizierten Produktionsarbeit und schrittweisen eigenverantwortlichen Übernahme von Arbeitsaufgaben zu erreichen .... Die Einführung dieser Aufgabe in die Schule sollte „frühzeitig" die Schüler über den Kontakt zur Arbeiterschaft, die „Liebe zum Sozialismus" vermittelt werden – zur sozialistischen Arbeitskultur. Das sollte auch die Berufswahl der Schüler erleichtern und die Berufsausbildung vorbereiten. Erkenntnisfördernde Arbeiten und Exkursionen wurden zum festen Bestandteil des Unterrichts.

Der Lehrplan für den polytechnischen Unterricht für die Klassen 7 – 10 wurde 1967 erneut neu gefaßt.

In der produktiven Arbeit sollen die Schüler auf dem Werk- und Schulgartenunterricht ihre Arbeitserfahrungen aufbauen und Kenntnisse, Fähigkeiten und Fertigkeiten erweitern und vertiefen. Es gab Lehrgänge z.B. „Grundlagen der Produktion des sozialistischen Betriebes", der auf differenzierte produktive Arbeit in den Abschlußklassen vorbereitet. Darin sollen die Schüler mit spezifischen, technischen, technologischen und ökonomischen Bedingungen bekannt gemacht werden. Das soll auch die Einheit von sozialistischer Demokratie und neuem ökonomischem System bei der Vollendung des Sozialismus betreffen.

An der Wiedergabe eines Absatzes soll besonders die Zielsetzung dieser Form des polytechnischen Unterrichts deutlich werden.

„Am Beispiel der Geschichte des Betriebes sollen die Schüler erkennen, wie die klassenbewußten Arbeiter unter Führung ihrer revolutionären Partei die Zerstörungen durch den Faschismus überwunden und moderne sozialistische Produktionsbetriebe entwickelt haben. Sie sollen erkennen, wie die Arbeiterklasse im Bündnis mit den werktätigen Bauern und unter Führung der Sozialistischen Einheitspartei Deutschlands im Klassenkampf und bei aufopferungsvoller Arbeit sozialistische Produktionsverhältnisse geschaffen hat. Im Zusammenhang mit der weiteren Entwicklung des Betriebes soll ihnen die sozialistische Perspektive und damit der Sie des Sozialismus deutlich werden. Das soll die Schüler zur Bewußtsein und zur Bereitschaft führen, die Arbeit zu lieben, die Leistungen des arbeitenden Menschen zu achten und sie mit Stolz auf die DDR, ihr sozialistisches Vaterland erfüllen."

Ein Lehrplan „Technisches Zeichnen" aus dem Jahre 1981 enthält eine bemerkenswerte Passage: Das hauptsächliche Anliegen des Unterrichtes ist die Befähigung der Schüler zum Zeichnungen lesen und skizzieren, da die Schüler für ihre produktive Arbeit im Betrieb und ihr späteres Berufsleben vor allem Fähigkeiten und Fertigkeiten auf diesem Gebiet benötigen.

Das fordert, dass die allgemeinbildenden Schulen in diesem Unterricht, im polytechnischen Unterricht zusammen mit der produktiven Arbeit schon in den Klassen 7 und 8 für bestimmte spätere Berufe hier in diesem Unterricht konkrete Fähigkeiten erwerben müssen, die sich auf das Lesen von Bauzeichnungen und Darstellen von Gegenständen aus dem Bauwesen beziehen, damit wird für die spätere berufliche Tätigkeit (also Vorwegnahme berufswahlbedingter zu lernenden Inhalte) gelernt. Die produktive Arbeit ist nicht ein allgemeines Anliegen sondern schon eher ein spezifisches ein Berufsbildungsspezifikum.

Wie eng Arbeitstage in der Produktion oder Arbeit mit der Produktion verknüpft waren, zeigt folgende Passage: „Im engen Zusammenhang mit der Arbeitserfahrung der Schüler aus dem Betrieb (produktiver Arbeit – LB) lernen sie anhand ausgewählter Beispiele technisch-technologische und arbeitsorganisatorische Prinzipien und Maßnahmen zur rationellen Nutzung von Material, Energie und Arbeitszeit kennen."[1]

Auch in dem Lehrplan zum „Grundkurs Informatik" wird die enge Verbindung mit der praktischen Arbeit hergestellt: „Bei der methodischen Gestaltung des Grundkurses Informatik ist zu beachten, dass ggf. Schüler bereits vorher an betrieblichen Arbeitsplätzen mit informationsverarbeitender Technik und in entsprechenden Arbeitsgemeinschaften tätig werden."
Aus diesen Zitaten kann erschlossen werden, dass es sich um diese Tage in der Produktion nicht so sehr um Berufsorientierung handelte, sondern nur die Vorbereitung auf eine betriebsgebundene Ausbildung – Berufswahlfreiheit eingeschränkt. Das war die Absicht. In Konferenzen haben Wissenschaftler der DDR auf Tagungen diese Maßnahmen anhand der gewonnenen Erfahrungen reflektiert und kritisiert. Das soll durch die Wiedergabe der Tagungsergebnisse der Akademie der Pädagogischen Wissenschaften der DDR vorgetragen werden.

In den Lehrplänen der DDR für den polytechnischen Unterricht wurde die Schülertätigkeit an traditionellen Arbeitsplätzen in ihrem Zeitanteil für die Ausbildung und Arbeitstätigkeit der Schüler an herkömmlichen Schulen verstärkt.

---

[1] ebenda, S. 132

Dabei sollten Arbeitsaufgaben ausgewählt und Arbeitsbedingungen *geschaffen werden*, bei denen sich die Schüler ein funktionales Verhältnis der Wirkungsweise der Maschinen aneignen könnten und eine *zunehmende* Selbständigkeit erlangen können.
Die Schwierigkeiten werden hier kaum verschleiert ausführlich dargelegt, Schwierigkeiten, die bei allen Versuchen, produktive Arbeit in Betrieben als allgemein bildenden Unterricht für die Unterstützung der Schule zu realisieren.[1]

Mit der produktiven Arbeit von Schülern im Betrieb soll die unmittelbare und vielseitige Zusammenarbeit von Schule und Betrieb bei der Erziehung der jungen Generation in eine Reihe neuer Möglichkeiten der Bildung und Erziehung der Jugend gebracht werden. Zur Realisierung sollten die Schüler in die Rolle von aktiven Mitgestaltern versetzt werden.[2]

Bei ihrer produktiven Arbeit lernen die Schüler die Arbeit in ihrer gesellschaftlich entwickeltsten Form kennen und die können dabei selbst einfache und überschaubare Aufgaben aus der „Neuererbewegung" lösen. Dazu sollen die Schüler auch in Produktionsbetrieben eingesetzt werden, damit sie praxisadäquate Arbeitskenntnisse, Arbeitsfertigkeiten und Arbeitserfahrungen sammeln können.

Der Bericht von Frankiewicz vor dem VII. Internationalen Polytechnischen Seminar setzt sich erfreulicherweise aber auch mit Problemen auseinander, die bei diesen Versuchen entstanden sind. Das ist
- erstens: die Arbeitsplätze so auszuwählen, die Arbeit so zu organisieren und zu erläutern, dass den Schülern die Komplexität und Dialektik des wissenschaftlich-technischen Fortschritts bewußt wird.
- Zweitens konnte empirisch eine Schwierigkeit daran festgemacht werden, dass die Mehrzahl der Schüler gegenwärtig in traditionellen Arbeitsplätzen arbeitet. Das heißt mit manuellen und maschinellen Werkstoffbereichen der Montage und Demontage, der Instandhaltung und Instandsetzung der Arbeit an traditionellen Werkmaschinen und der Nutzung von Arbeitsmaschinen bei der Lösung von Produktionsaufgaben beschäftigt wird.
- Drittens: Der Ernstcharakter kann zunächst nur dadurch angedeutet werden, dass den Jugendlichen *interessante und abrechenbare Aufgaben* verantwortlich zugewiesen werden.

---

[1] Quelle: Jahrbuch der Akademie der Päd. Wissenschaften der Deutschen Demokratischen Republik 1983 Volk und Wissen, Volkseigener Verlag Berlin, 1983
[2] Frankiewicz, Heinz, Erfahrungen bei der Gestaltung der produktiven Arbeit der Schüler im Betrieb unter den Bedingungen des wissenschaftlich-technischen Fortschritts, in: Jahrbuch…, a.a.O., S. 80-94

Gemeint ist die Tätigkeit von Schülerkollektiven oder Schulen, die in eigener Verantwortung z.B. im Kombinat VEB Karl-Zeiss-Jena jährlich 40.000 elektrische Reglerbügeleisen montieren und im VEB Werkzeugmaschinenkombinat „Fritz Eckert" 11.200 Bastlerschraubstöcke pro Jahr fabrizieren.

Diese Reflektion über den Ernstcharakter hat in westdeutschen Versuchen eigentlich überhaupt nicht stattgefunden. Diese Möglichkeit wurde ausgeklammert, da es sich ja um „Kinderarbeit" handelt, so dass nur gezielte Arbeitsaufgaben für die Schüler in den Betrieben gestellt werden sollen.

Einer anderen Aufgabe zuzuordnen sind die Tätigkeiten, die in der LPG Sönitz/Taubenheim zu leisten waren. Hier hatten Schüler die Gewichtsentwicklung ausgewählter Ferkelwürfe zu untersuchen und Wurfleistungen der Muttertiere verschiedener Generationen zu bestimmen. Dabei ermittelten sie die Gewichtszunahme der Ferkel, kontrollierten den Futterverbrauch, protokollierten die Entwicklung der Tiere in den einzelnen Lebensabschnitten usw. Hier war den Schülern – ob sie von ihnen exakt allein selbst verantwortlich geleistet werden konnte, bedarf einer kritischen weiteren Sicht – aber eine ernsthafte, an wissenschaftlicher Erkenntnisgewinnung orientierten Aufgabe, die in westdeutschen Versuchen gar nicht ventiliert wird.

An zwei weiteren Problemen wird die
- Überwindung des Unterschiedes zwischen der traditionellen Produktion, die ohne Schwierigkeiten mit Hilfe einfacher Arbeitsinstruktionen bewältigt werden kann, und das Verständnis der Funktionsweise an Arbeitsplätzen hochmoderner Produktion und Technik diskutiert. Letzteres bereitet z.T. erhebliche Schwierigkeiten nach den Aussagen von Frankiewicz. Aber es geht ja letztlich um eben diese moderne Produktion, in die die Schüler entlassen werden. Frankiewicz weist auf diese Notwendigkeit hin: „Aber je mehr die moderne Technik gleichsam unmittelbar ‚geronnene Wissenschaft' wird, desto wichtiger wird auch, dass der Werktätige – und für den Schüler gilt das gleiche – das gleiche Modell seiner Erzeugnisse und seiner Arbeitsinstrumente versteht."[1]
- Das zweite Problem besteht darin, dass der Anteil produktiv körperlicher Arbeit in den neuen Einsatzbereichen teilweise sehr reduziert ist und dass es bisher nur in begrenztem Umfang möglich ist, Schüler an diesen hochproduktiven Anlagen mit eigenverantwortlicher Arbeit zu betrauen. „Wenn die Arbeit nicht exakt durchdacht wird, stehen die Schüler zeitweilig nur als Beobachter an den Maschinen und lösen keine produktiven Arbeitsaufgaben."[2]

---

[1] ebenda, S. 90
[2] ebenda, S. 91

„Die Aufgabe, die junge Generation auf die Meisterung der wissenschaftlich-technischen Revolution vorzubereiten und zu bestimmen, welche Rolle dabei die produktive Arbeit von Oberschülern in den Betrieben spielt, stellt eine echte Herausforderung an die pädagogische Wissenschaft dar. Sie zwingt, die Entwicklungsprozesse in der Produktion und Volkswirtschaft exakt zu verfolgen und die in der produktiven betriebsverbundenen Arbeitstätigkeit der Schüler enthaltenen Erziehungspotenzen allseitig zu erforschen. Die pädagogische Wissenschaft muß sich der Tatsache stellen, dass die Praxis hierzu unverzüglich konstruktive und praktikable Lösungsvorschläge braucht. Die zu untersuchenden Probleme sind so komplex, dass sie nur im Zusammenwirken von Soziologen, Psychologen, Pädagogen Ingenieuren und Ökonomen gelöst werden können, wobei diese neuen Prozessen vor allem unmittelbar an der Basis, also in den Betrieben selbst studiert werden müssen."[1]

In der DDR wurden zur Sicherung der Erkenntnisse aus diesen neuen pädagogischen Wegen (Experimenten) empirische Studien erstellt, die die Urteile der Politik und Verwaltung nicht als „Beweise" zuließen. Sie kamen zu dem Ergebnis, das eine empirische Studie ermöglicht hat, die die Schüler der Klassen 9 und 10 in der automatisierten Produktion des Werkzeugmaschinenkombinats „Fritz Heckert" in Karl-Marx-Stadt erbracht hat. Abgesehen davon, dass der Bericht in teilweise nur vager Form auf die Ergebnisse eingeht, wenn er z.B. häufig davon spricht, dass die die Schüler etwas „erleben", ist konkret hervorzuheben, dass auch hier durchaus kritische Anmerkungen in dem Bericht, der auch als Diskussionsbeitrag auf dem 7. Internationalen Polytechnischen Seminar gehalten wurde, dargestellt werden.[2]

Zwar wird 32% der Probanden testiert, dass sie „sehr gute" Leistungen erbracht hätten und 57% „gute", aber: nach dem Urteil der Lehrfacharbeiter zur Arbeitseinstellung und Arbeitsweise haben 28% der Probanden nur eine formale Teilnahme am Arbeitsprozeß vollzogen. Aufgeschlossen (was immer das heißen mag) für die technischen und ökonomischen Probleme des Arbeitsprozesses waren 48% und nur 24% hatten eine geistig aktive und gesellschaftlich bezogene Arbeitseinstellung, wegen der bis dahin nicht gelösten Probleme Forderungen erfüllt werden müßten, die sich aus den empirischen Studien ergab.

Es genüge in Zukunft nicht mehr, dass er nur die Arbeitsplätze seiner Schüler kennt, er müsse darüber hinaus die technische, technologische, ökonomische und soziale Entwicklung seines Betriebes in den Hauptentwicklungslinien kennen, wenn er einen Unterricht lebensverbunden und interessant gestalten wolle.

---

[1] ebenda, S. 92
[2] Müller, Wolfgang, Untersuchungen zur produktiven Arbeit der Schüler in automatisierten Produktionsbereichen – dargestellt am Beispiel des Werkzeugmaschinenkombinats „Fritz Heckert", in: Jahrbuch... a.a.O., S. 99-103

Das heißt doch nichts anderes, als dass der Lehrer wirklich Kenntnis von der Arbeitswelt haben soll – hier auch unter der Perspektive der sozialistischen Erziehung – wenn er denn seinen Schülern und Schülerinnen diese Arbeitswelt realistisch vorstellen soll und die Schüler mit den Bedingungen dieser Arbeitswelt bekannt machen will.

Eine Schwierigkeit der auch bei Frankiewicz genannten Probleme der unterschiedlichen Anforderungen, die in der betrieblichen Arbeit gestellt werden, differenziert Müller, Arbeiten an herkömmlichen Maschinen, Arbeiten an teilautomatisierten Werkzeugmaschinen ist unmittelbar möglich, aber in komplizierten bzw. automatisierten Fertigungsbereichen könne es nur Mitarbeit geben. Und am Schluß der obligatorische Erfolg: 86,5% der befragten Schüler bestätigen, dass sich die Kombination von traditionellen Arbeiten und der Mitarbeit im modernen Produktionsbereich bewährt habe.

Aber auch hier realistische Kritik: Probleme der Erkenntnisgewinnung z.B. entstehen durch den Einsatz der Facharbeiter in vier Schichten. Dadurch werden die Schüler an ihren Einsatztagen in der Produktion immer von einem anderen Arbeiter ausgebildet.

Hier kann nicht darüber entschieden werden, ob der polytechnische Unterricht mit seinen Praxistagen ein Erfolg war oder nicht, es kommt hier darauf an, welchen Aufwand man in der DDR dafür einbrachte. 9.150 hauptamtliche Betreuer, und das sind Lehrmeister, Ingenieur-Pädagogen und hervorragende Facharbeiter, die von den Betrieben ausschließlich für die Ausbildung der Schüler bereitgestellt werden, sichern die Ausbildung und Erziehung der Schüler während der produktiven Arbeit in den Betrieben. (S. 104) Darüber hinaus stehen spezielle für die produktive Arbeit der Schüler der Klassen 9 und 10 unmittelbar in den Produktionsabteilungen der Betriebe ca. 26.000 Lehrfacharbeiter zur Verfügung. Sie sind durch die Leiter der Betriebe berufen und führen die Ausbildung der Schüler neben ihrer eigentlichen Tätigkeit in den Betrieben aus. Mit diesen Aktivitäten sollen die Berufsvorbereitung und die Berufsorientierung der Schüler erschlossen werden. So werden für die Schüler der Klassen 9 und 10 die Lehrpläne der entsprechenden Industrien (z.B. Metall verarbeitende Industrie, Elektroindustrie usw.) herangezogen. Damit sind über 50% der Schüler in dem Bereich der Metall verarbeitenden und in der Elektroindustrie betreut, 13% im Bauwesen und 18% im Bereich der Landwirtschaft. Eine realistische Auswahl gemäß der Arbeits- und Produktionsstruktur in der DDR. Die Betriebe haben dazu Lehrwerkstätten und Fachunterrichtsräume errichten und ausstatten müssen. „Speziell für die produktive Arbeit der Schüler der Klassen 7 und 8 , die in Kabinetten durchgeführt wird, wurden niveauvolle Ausbildungsstätten geschaffen, in denen sie sich grundlegende Arbeitsfertigkeiten, Arbeitskenntnisse und Arbeitsgewohnheiten bei der Herstellung volkswirtschaftlich bedeutsamer Produkte aneignen können." (S. 105) Der Entwicklungsstand wird als Ergebnis von über 2 Jahrzehnten kontinuierlicher Arbeit mit vielen gesellschaftlichen Kräften dargestellt – und nicht nach einem Modellversuch von insgesamt 5 Jahren. Die Einführung des polytechnischen Unterrichtes – wie immer man zu ihm aus unserer Sicht und aus allgemeiner Sicht stehen mag – wurde nach umfangreichen theoretischen und praktischen Vorarbeiten geleistet.[1]

Da nach den oben genannten Voraussetzungen es nur einfache und überschaubare Aufgaben sein können, andererseits aus der „Neuererbewegung" allein der Definition nach anspruchsvolle Aufgaben zu lösen sein sollen, können auch die Arbeitskenntnisse, Arbeitsfertigkeiten und Arbeitserfahrungen nur aufgrund einfacher Tätigkeiten erlernt werden.

---

[1] Diesel, Harald, Wie sichern wir die Ausbildung der Schüler im polytechnischen Unterricht der Klassen 7-10 in den Betrieben der Industrie, des Bauwesens und der Landwirtschaft? Auch ein Diskussionsbeitrag auf dem VII. Internationalen Polytechnischen Seminars. Harald Diesel nahm als Vertreter des zuständigen Ministeriums an dem Seminar teil, in: Jahrbuch..., a.a.O. S. 104-107

Praxistage an bisherigen Beispielen

Unsere Studie stimmt mit den Ergebnissen eines Hamburger Schulversuchs[1] überein, den wir in knapper Form als Beleg für unsere Skepsis ebenso analogisieren, wie ein Kölner Projekt zu dieser Thematik.

Das Ziel des Schulversuchs ist es, eine Lernorganisation zu erproben, mit der die Jugendlichen die betriebliche Wirklichkeit frühzeitig kennenlernen. Dazu sollten sie über einen längeren Zeitraum konkrete Aufgaben übernehmen. Außerdem sind die Schüler aufgefordert, ihr Lernen im Betrieb selbst zu organisieren und mit dem Lernen der Schule zu vergleichen und zu verbinden. Während all dieser Zeit sollen die übrigen schulischen unterrichtlichen Lernleistungen nicht reduziert werden. „Es gelten die regulären Abschlußbedingungen."

Zur Steuerung der Lernprozesse wird ein neues Aufgabenformat die ‚besondere betriebliche Lernaufgabe' eingeführt." (S. 10)
Diese besondere Lernaufgabe stellen sich die Schüler selbst. Die Aufgabe muß einen Bezug zur praktischen Arbeit im Betrieb haben.

Die Basis dieses Schulversuchs stellen Margarete Benzig/Marcus Pietsch/Ulrich Vieluf im Kapitel „Lernen im Schulversuch" vor. Die Fachleistungen der Schüler werden im Vergleich zu den Ergebnissen ähnlicher Schülergruppen gemessen.
An dem Test haben 63 von 71 Schülern teilgenommen.

Das Ergebnis: „Angesichts der unterschiedlichen Zusammensetzungen der untersuchten Klassen lassen sich keine allgemeinen Aussagen zu den ermittelten Leistungen treffen. Ebenso wenig ist es möglich, eindeutige Maßstäbe für deren Bewertung zugrunde zu legen. Die Vergleichsdaten der Lernausgangslagenuntersuchungen LAU 9 und LAU 11 können – allein schon aus methodischen Gründen – nicht mehr als eine grobe Orientierung für die Einordnung der Ergebnisse geben." Trotzdem heißt, es gab keinerlei Hinweise auf Leistungsrückstände gebe, die auf ungünstige Auswirkung der Praxistage auf die Leistungsentwicklung zurückgeführt werden könnten.

Zur „Lernentwicklung der Schüler(innen) nach dem Schulversuch wird eine standardisierte Befragung von Absolvent(inn)en" von Eva Arnold in einer Absolventenbefragung dargestellt. Ein weiteres Nachfassen von zwei Schulen bei den Absolventen ergab keine zusätzliche Beteiligung. Von den 84 Teilnehmern an der Befragung – Von 206 Ehemaligen = 40,8% - waren von 84 Teiolnehmern

---

[1] Bastian, Johannes/Combe, Arno/Hellmer, Julia/Wazinski, Elisabeth, Zwei Tage Betrieb – drei Tage Schule, Bad Heilbrunn 2007

13 noch ohne Ausbildung und 25 in eine schulische Ausbildung eingetreten. Direkt nachweisbar, dass die Praktika für eine betriebliche Ausbildung ein Erfolg waren, ist nur bei 44 Schülerinnen und Schülern = 21,0% möglich.

Die Struktur von zwei Betriebstagen und drei Schultagen wird zunächst grundsätzlich von den Betrieben akzeptiert. Diese Zeitstruktur wird aber keineswegs als optimal eingeschätzt. Ein Vorschlag z.b. will einen komplizierten Wechsel einführen: „3 Tage im Betrieb, 2 Tage Schule dann 2 Tage im Betrieb, 3 Tage Schule".

Mit der besonderen Lernaufgabe liegt ein noch nicht gelöstes Problem vor: Die „Anleiter" wollen zwar bei der Bearbeitung der Lernaufgabe behilflich sein, aber nach eigener Einschätzung haben sie nur wenig Zeit für die Unterstützung. Zwar ist die Betreuung der Schüler an den betrieblichen Lernorten als ein wichtiger Bestandteil der Lernortkooperation bezeichnet.: „Alle Schüler(innen) werden zwar mehr als einmal im Halbjahr aufgesucht." Dabei bleibt sehr undeutlich, wie – weil wieder jede Quantifizierung fehlt – diese doch relativ seltenen Besuche den wichtigen Überschneidungspunkt zwischen Schule und Betrieb für den Modellversuch realisieren.

Die Lehrer sollen im schulischen Rahmen betriebliche Erfahrungen und arbeitsweltliche Aspekte mit den Schülern bearbeiten. Sie betreuen in ihrer Betreuungszeit – zu mehr reicht es nicht – nur Schüler mit Lernschwierigkeiten. Das Gelingen der Betreuungsarbeit hängt auch davon ab, dass sie Kompetenzen haben, die auf den direkten Erfahrungen in den Betrieben basieren. Aber die allgemeine Vorstellung über betriebliche Zusammenhänge reicht nicht aus, um die arbeitsweltlichen Zusammenhänge zu erkennen und den Schülern verständlich zu machen.

Einige Betriebe sind nicht gewillt, über die Betreuung der Praktikanten hinaus Zeit in die Kommunikation mit der Schule zu investieren, wird geklagt. Sie „mißbrauchen bedauerlicherweise" die Gesprächssituation und „sprechen von eigenen Sorgen und Problemen". Die Probleme der Betriebe und Probleme der Arbeitswelt – künftig auch für die Schule – sollten die Lehrer erkennen und erfahren und sie den Schülern übermitteln. Dazu gehört auch die Bereitschaft und Fähigkeit der Lehrer, sich diese anzuhören und sich mit ihnen auseinanderzusetzen.

Charakteristisch für die Zusammenarbeit und deren Effizienz zwischen Schule und Betrieben ist die Mitteilung: „Für die Lehrer(innen) an zwei der drei Schulen gestaltet sich die Zusammenarbeit mit den Betrieben im ganzen zufriedenstellend…" Damit kann man nicht zufrieden sein. Wenn man bedenkt, dass es hier sogar im Modellversuch eine Sondersituation darstellt, wie wird es dann erst, wenn es ernst, wenn es Alltag wird?

Der Ergebnisbericht der Autoren läßt wunderbarerweise den Schulversuch als in fast jedem Aspekt erfolgreich erscheinen. Durch Rückmeldegespräche und Workshops sei das Forschungskonzept in die Evaluation eingeschlossen, die die Verallgemeinerbarkeit sichere. Eine solche positive Darstellung – wenn man auch den besonderen Druck der Hamburger Schulbehörde mit in Ansatz bringt - macht stutzig. Wenn man bedenkt, dass sich in den Dokumentationen, Ergebnisberichten und Evaluationen über die Wirksamkeit von praktischen Tätigkeiten in Betrieben zugunsten der Berufsorientierung und anderer Aufgaben im Polytechnikunterricht der DDR auffällig viele Erfolgsmeldungen finden, dann lädt das dazu ein, Parallelen zu ziehen. Es ist immer wieder erstaunlich, dass Modellversuchsberichte nahezu allgemein 100% Erfolg melden. Ein erfolgreicher Modellversuch oder Schulversuch liegt aber nur dann vor, wenn seine Bedingungen auch dem „Schul- und Betriebsalltag" standhalten.

Die Ziele Projektes der Stadt Köln als Teilprojekt von „Übergang Schule – Beruf, Praxistage als Jahrespraktikum"[1] werden beschrieben als
- Stärkung des Selbstbewußtseins, Abwehr von Versagungsängsten und Förderung der Selbständigkeit
- Verbesserung der Kontaktfähigkeit
- Steigerung des Durchhaltevermögens
- Einführung der in der Arbeitswelt nötigen Pünktlichkeit, Ausbildung der Zuverlässigkeit
- Vorbereitung auf die berufsspezifischen Anforderungen in der Berufsschule
- Vermehrte Übername in Ausbildungsverhältnisse
- Senkung der Zahl von Ausbildungsabbrechern.

Nach den in NRW geltenden Regeln für zwei- bis dreiwöchige Blockpraktika werden diese Praxistage organisiert. Die enge Aufeinanderfolge zweier Instrumente mit sehr unterschiedlicher Struktur lassen eine differenzierte Beurteilung der jeweiligen Wirkungen kaum messen.

Die Konzeptdarstellung erfolgt lediglich als Wiedergabe des Konzeptes, wobei Schwierigkeiten einfach wegformuliert werden. So z.B. es schaffe berufliche Realität und die Schüler könnten die Anforderungen, die später während der

---

[1] Beilhartz, Axel,/Reiberg, Ludger/Wohlgemuth, Rita, Das Jahrespraktikum, eine Brücke in die Ausbildung, in: Jörg Schudy (Hg.) Berufsorientierung in der Schule, S. 297-306 , Bad Heilbrunn 2002

Ausbildung *und* im Arbeitsleben an sie gestellt werden, dort erfahren und begreifen. Als gäbe es eine überberufliche und überbetriebliche Form von beruflicher Realität und Betriebsleben. Dann sollen diese Erfahrungen in der Schule aufgearbeitet werden. Außerdem sollten die Schüler an den folgenden Praktikumstagen das in der Schule Gelernte in der Praxis erproben.

Im Abschnitt „Erfahrung und Bewertung" werden die Aufgabenstellungen aufgezählt:
 - Führen eines Berichtsheftes
 - Erledigung konkreter (vorgegebener) Beobachtungsaufgaben oder Durchführung von Mitarbeitbefragung
 - Durchführung von Kreisgesprächen zu Problemen und Erfolgen (zur Verallgemeinerung individueller Erfahrungen für alle Schüler)
 - Organisierung von Fotoausstellungen über die Praktikumsbetriebe
 - Erstellung einer Praktikumszeitung.

Kritisch ist hier anzumerken, dass Beobachtungsaufgaben als abgeleitete Methode von wissenschaftlichen Methoden für diese Schüler eine Überforderung bedeutet und unbedingt, wenn überhaupt, gründlich vorbereitet und eintrainiert werden müßten. Das gilt auch für Mitarbeiterbefragungen, die ein so hohes Maß an Sensibilität erfordern und entsprechenden Prüfungen der Validität und Reliabilität, dass sie hier als unangemessen gelten könnten. – Kreisgespräche können zu reinen Erzählrunden werden, wenn sie nicht thematisch strukturiert sind oder moderiert werden. Es wird offenbar unterstellt, dass allein die Tatsache der Wiedergabe von Problemen und Erfolgen im Gespräch bereits zur Verallgemeinerung der Erfahrungen benutzt werden könnten.– Durchführung von Fotoausstellungen und Erstellung von Praktikumszeitungen werden in der Regel nur zur pädagogischen Kosmetik verwendet.

Bei den Aufgaben, die, wenn sie durchgeführt werden oder durchgeführt werden können, sehr zeitaufwendig sind (z.B. Mitarbeiterbefragungen einschließlich Erstellung der Fragenkataloge) ergibt sich die Frage, wann an den Praxistagen wirklich gearbeitet wird.

Dass die Bewertung aus Sicht der Schule und aus Sicht des Schulamtes positiv ist, entspricht der Regel bei der Publizierung entsprechender Modelle und ist deswegen als Wiedergabe der fachlichen Ergebnisse nicht brauchbar. Z.B. diese Passage in der Bewertung des Schulamtes: „Die beteiligten Kollegen vermuten, dass es bei den Schülerinnen und Schülern weniger Ausbildungsabbrecher geben wird, als in der allgemein bildenden Statistik." Daran ist mehreres zu kritisieren. Zunächst einmal vermuten die Kollegen, dass es weniger Ausbildungsabbrecher geben wird. Empirische Ergebnisse liegen aber noch gar nicht vor

bzw. können noch gar nicht vorliegen und dann werden faktische Ausbildungs-abbrecher (nicht Abbrecherquoten) gemessen an den veröffentlichen Daten in allgemeinen Statistiken. Insofern haben sich die Kollegen mit ihrer Vermutung zwar abgesichert, die Aussage ist gerade dadurch aber nicht für ein wirkliches Urteil brauchbar.
Es darf bezweifelt werden, ob dieses „Praxistage-Projekt" als Erfolg bewertet werden kann. Dabei bleibt auch die Frage, warum es initiiert wurde, da doch das Konzept schon Skepsis aufkommen lassen mußte.

Das Ziel des Schulversuchs ist es, eine Lernorganisation zu erproben, mit der die Jugendlichen die betriebliche Wirklichkeit frühzeitig kennenlernen. Dazu sollten sie über einen längeren Zeitraum konkrete Aufgaben übernehmen. Außerdem sind die Schüler aufgefordert, ihr Lernen im Betrieb selbst zu organisieren und mit dem Lernen der Schule zu vergleichen und zu verbinden. Während all dieser Zeit sollen die übrigen schulischen unterrichtlichen Lernleistungen nicht redu-ziert werden. „Es gelten die regulären Abschlußbedingungen."

Zur Steuerung der Lernprozesse wird ein neues Aufgabenformat die ‚besondere betriebliche Lernaufgabe' eingeführt."[1]
Diese besondere Lernaufgabe stellen sich die Schüler selbst. Die Aufgabe muß einen Bezug zur praktischen Arbeit im Betrieb haben.

Die Basis dieses Schulversuchs stellen Margarete Benzig/Marcus Pietsch/Ulrich Vieluf im Kapitel „Lernen im Schulversuch" vor. Die Fachleistungen der Schü-ler werden im Vergleich zu den Ergebnissen ähnlicher Schülergruppen gemes-sen.
An dem Test haben 63 von 71 Schülern teilgenommen.

Das Ergebnis: „Angesichts der unterschiedlichen Zusammensetzungen der un-tersuchten Klassen lassen sich keine allgemeinen Aussagen zu den ermittelten Leistungen treffen. Ebenso wenig ist es möglich, eindeutige Maßstäbe für deren Bewertung zugrunde zu legen. Die Vergleichsdaten der Lernausgangslagenun-tersuchungen LAU 9 und LAU 11 können – allein schon aus methodischen Gründen – nicht mehr als eine grobe Orientierung für die Einordnung der Er-gebnisse geben." Trotzdem heißt, es gab keinerlei Hinweise auf Leistungsrück-stände gebe, die auf ungünstige Auswirkung der Praxistage auf die Leistungs-entwicklung zurückgeführt werden könnten.

Zur „Lernentwicklung der Schüler(innen) nach dem Schulversuch wird eine standardisierte Befragung von Absolvent(inn)en" von Eva Arnold in einer Ab-

---

[1] Bastian, Johannes/Compe, Arno/Hellmer, Julia/Wazinski, Elisabeth, a.a.O.

solventenbefragung dargestellt. Ein weiteres Nachfassen von zwei Schulen bei den Absolventen ergab keine zusätzliche Beteiligung. Von den 84 Teilnehmern an der Befragung – Von 206 Ehemaligen = 40,8% - waren von 84 Teiolnehmern 13 noch ohne Ausbildung und 25 in eine schulische Ausbildung eingetreten. Direkt nachweisbar, dass die Praktika für eine betriebliche Ausbildung ein Erfolg waren, ist nur bei 44 Schülerinnen und Schülern = 21,0% möglich.

Die Struktur von zwei Betriebstagen und drei Schultagen wird zunächst grundsätzlich von den Betrieben akzeptiert. Diese Zeitstruktur wird aber keineswegs als optimal eingeschätzt. Ein Vorschlag z.B. will einen komplizierten Wechsel einführen: „3 Tage im Betrieb, 2 Tage Schule dann 2 Tage im Betrieb, 3 Tage Schule".

Mit der besonderen Lernaufgabe liegt ein noch nicht gelöstes Problem vor: Die „Anleiter" wollen zwar bei der Bearbeitung der Lernaufgabe behilflich sein, aber nach eigener Einschätzung haben sie nur wenig Zeit für die Unterstützung. Zwar ist die Betreuung der Schüler an den betrieblichen Lernorten als ein wichtiger Bestandteil der Lernortkooperation bezeichnet: „Alle Schüler(innen) werden zwar mehr als einmal im Halbjahr aufgesucht." Dabei bleibt sehr undeutlich, wie – weil wieder jede Quantifizierung fehlt – diese doch relativ seltenen Besuche den wichtigen Überschneidungspunkt zwischen Schule und Betrieb für den Modellversuch realisieren.

Die Lehrer sollen im schulischen Rahmen betriebliche Erfahrungen und arbeitsweltliche Aspekte mit den Schülern bearbeiten. Sie betreuen in ihrer Betreuungszeit – zu mehr reicht es nicht – nur Schüler mit Lernschwierigkeiten. Das Gelingen der Betreuungsarbeit hängt auch davon ab, dass sie Kompetenzen haben, die auf den direkten Erfahrungen in den Betrieben basieren. Aber die allgemeine Vorstellung über betriebliche Zusammenhänge reicht nicht aus, um die arbeitsweltlichen Zusammenhänge zu erkennen und den Schülern verständlich zu machen.

Einige Betriebe sind nicht gewillt, über die Betreuung der Praktikanten hinaus Zeit in die Kommunikation mit der Schule zu investieren, wird geklagt. Sie „mißbrauchen bedauerlicherweise" die Gesprächssituation und „sprechen von eigenen Sorgen und Problemen". Die Probleme der Betriebe und Probleme der Arbeitswelt – künftig auch für die Schule – sollten die Lehrer erkennen und erfahren und sie den Schülern übermitteln. Dazu gehört auch die Bereitschaft und Fähigkeit der Lehrer, sich diese anzuhören und sich mit ihnen auseinanderzusetzen.
Charakteristisch für die Zusammenarbeit und deren Effizienz zwischen Schule und Betrieben ist die Mitteilung: „Für die Lehrer(innen) an zwei der drei Schu-

len gestaltet sich die Zusammenarbeit mit den Betrieben im ganzen zufriedenstellend..." Damit kann man nicht zufrieden sein. Wenn man bedenkt, dass es hier sogar im Modellversuch eine Sondersituation darstellt, wie wird es dann erst, wenn es ernst, wenn es Alltag wird?

Der Ergebnisbericht der Autoren läßt wunderbarerweise den Schulversuch als in fast jedem Aspekt erfolgreich erscheinen. Durch Rückmeldegespräche und Workshops sei das Forschungskonzept in die Evaluation eingeschlossen, die die Verallgemeinerbarkeit sichere. Eine solche positive Darstellung – wenn man auch den besonderen Druck der Hamburger Schulbehörde mit in Ansatz bringt - macht stutzig. Wenn man bedenkt, dass sich in den Dokumentationen, Ergebnisberichten und Evaluationen über die Wirksamkeit von praktischen Tätigkeiten in Betrieben zugunsten der Berufsorientierung und anderer Aufgaben im Polytechnikunterricht der DDR auffällig viele Erfolgsmeldungen finden, dann lädt das dazu ein, Parallelen zu ziehen. Es ist immer wieder erstaunlich, dass Modellversuchsberichte nahezu allgemein 100% Erfolg melden. Ein erfolgreicher Modellversuch oder Schulversuch liegt aber nur dann vor, wenn seine Bedingungen auch dem „Schul- und Betriebsalltag" standhalten.

Zusammenfassung der Ergebnisse der Praxistage

Wenn man „Berufsorientierung" so definiert, wie man es überwiegend in den Forschungen zur Berufswahl in Schulen im Zusammenhang mit der Durchführung von Betriebspraktika und Betriebserkundungen tut, dann ist der Erfolg der so verstandenen Berufsorientierung davon abhängig, dass die Schüler den Betrieb, in dem Praxistage durchgeführt werden sollten, selbst auswählen konnten, um dann darin auch ihre Vorstellungen von späterer Berufsausbildung und Berufstätigkeit prüfen zu können. Wenn nun nur knapp 60% der Schüler eine solche Betriebswahl in den Praxistagen treffen können, minimiert das die Möglichkeit, sich auf einen Wunschberuf hin zu konzentrieren.

Auch die Tatsache, dass die Zahl der Betriebe schwankt, läßt nicht darauf schließen, dass die Schüler über diese Möglichkeit eine gefestigte Haltung zu ihrer individuellen Berufswahl entwickeln konnten. Sicherlich ist die Interpretation auch davon abhängig, wie groß die Betriebe sind, in denen die Schülerinnen/Schüler die Praxistage absolvieren können[1]. Etwas mehr als die Hälfte der Schüler konnte die Praxis in nur einem Betrieb kennen lernen. Das wäre dann weniger problematisch, wenn es sich um Großbetriebe handelte. Aus unseren Interviews, die wir im Folgenden kommentieren, wissen wir aber, dass es in der Regel kleine bis sehr kleine Betriebe sind. Wir kommen bei den Antworten der Schüler unten darauf auch noch zurück. Wenn mehrere Betriebe für die Schüler zur Vermittlung von Informationen über praktisches Arbeiten zur Verfügung gestellt wurden, müßte man bei einer gezielten Berufsorientierungschance erwarten, dass hier vorangehend eine systematische Erarbeitung in Form gestufter Erkenntnisgewinnung intendiert gewesen ist. Das aber lassen die Interviews nicht zu, so dass von der mehrheitlichen Information über betriebliche Realität eher eine Berufswahlunsicherheit auf die Schüler zugekommen sein dürfte.

Die schlechteste aller Möglichkeiten ist die Eintageswoche für die Praxiswahl. Auch hier ist wieder mehr als die Hälfte der Schüler betroffen. Die damit verbundenen Schwierigkeiten sind in der Interpretation der Interviews näher behandelt worden.

Zwei wichtige Aspekte berührten wir mit den Fragen nach den Tätigkeiten und nach den Berufen, die in den Praxistagen zur Verfügung standen und über die während der Praxistage anschauliche, direkte Information erreicht wurden. Aus den Clustern kann man sehen, dass es nach unseren Kategorien sich entweder

---

[1] Wir beurteilen hier deshalb nur die tatsächlich in Betrieben durchgeführten Praxistage, da eine Berufsorientierung nur mit praktischen Arbeiten außerhalb der Betriebe kaum diesem Anspruch gerecht zu werden vermag, dass das nur in einer anderen Form unterrichtlich vermittelter Kenntnisse über Berufe sein könne.

um Hilfstätigkeiten in hohem Maße handelt, oder um sehr unbestimmte Aussagen, die auch nicht auf konkrete kontinuierliche Tätigkeit auf manchen Gebieten schließen lassen. Auch dass die Antworten nur sehr diffus und allgemein gehalten waren, läßt ebenfalls darauf schließen, dass wirklich Zusammenhänge zwischen Betrieb, Arbeitstätigkeiten und beruflichen Qualifizierungen nicht hergestellt werden konnten.

Dass diejenigen Tätigkeiten, die konkreter bestimmten Berufen auch in qualitativer Hinsicht bestimmten Berufen zugeordnet werden konnten, nur 15,1% aller Nennungen (bei Mehrfachnennungen!) ausmachen und dass sogar 8,7% über keine Tätigkeiten im Betrieb berichteten, läßt Berufsinformationen kaum erkennen.

Ähnliches kann man aus den Kategorien filtern, die wir mit den Clustern für die Kenntnisse über Berufe gebildet haben. Die Tätigkeiten beschäftigten sich stark, aber nur zu 14,4% mit mehr klassischen Handwerksbereichen, 23% waren Tätigkeiten in Dienstleistungen, die von sehr einfach formulierter Tätigkeit bis zu allgemeinen Aussagen über die Branche reichten. Die Landwirtschaft ist mit 36,7% weit überrepräsentiert, stellt kaum Ausbildungsplätze zur Verfügung.

Entsprechend der großen Zahl von Einzelpraxistagen gab es auch kaum geblockte Praxistage. Diese Deutung entspricht unserer Interpretation bei den Einzel- oder Mehrfachtagen in der Woche.

Dass knapp 60% den Ausfall von Unterrichtsstunden nennen, macht deutlich, dass es den Schulen in Zusammenarbeit mit den Betrieben kaum möglich war, die organisatorischen Schwierigkeiten derart zu lösen, dass eine Belastung des Unterrichtes vermieden werden konnte.

Das zeigt auch das Ergebnis, dass nur jeder achte Schüler/Schülerin eine Abstimmung zwischen Schule und Betrieb gespürt hat. Fast ein Drittel kann man hinzurechnen, die keine Kenntnis über Abstimmungsmöglichkeiten empfanden.

Faßt man die Interviews nach dem Interviewleitfaden zunächst grob zusammen, dann muß man feststellen, dass
- der Erlaß kaum oder nichts Neues bewirkt hat, weil bisher bereits eine Fülle von Maßnahmen im Unterricht und Projekten zur Berufsorientierung in den Schulen erfolgte
- der Zwang zum Praxisbezug, wie er im Erlaß formuliert wurde, an der Regionalstruktur (Landwirtschaft) scheiterte. Damit sind bestenfalls Sekundärtugenden vermittelbar, aber ebenfalls keine Berufsorientierung.

Zum Teil kann man sagen, dass die bisher durchgeführten Projekte durch den Erlaß eine offizielle Rechtfertigung erfahren haben. Die Projekte würden aber auch ohne Rechtfertigung weiterhin durchgeführt.

Eigentlich fast alle Schulen lehnen die als Einschränkung empfundene Einführung der Praxistage ab. Ihre Haltung ist deutlich als eine Gegenreaktion zu sehen. Außer den eignen schulischen Problemen und den Fragwürdigkeiten, dass mit solchem Aufwand wirkliche Lernprozesse ausgelöst und abgeschlossen werden könnten, bezieht sich die Begründung der Schulen auch darauf, dass die Betriebe keine Eintagespraktikanten wollen, ja entschieden ablehnen.

Mehrfach wird sehr kritisch eingewendet, dass der Aufwand, den diese Praxiskontakte fordern, in keinem Verhältnis zu den Ergebnissen steht.

Deshalb darf man es als Gegenreaktion im obigen Sinne verstehen, wenn bisher schon vorhandene Veranstaltungen zur Organisierung von Berufsorientierung jetzt so „definiert" werden, dass sie unter dem Erlaß zu den „Betriebs- oder Praxistagen" subsumiert werden können. Das ist nach dem Erlaß sogar legitim.

Bei den Tätigkeiten, die Lehrer und Schüler bei der Durchführung der Praxistage im engeren Sinne interpretieren, handelt es sich fast ausschließlich der Struktur nach um Hilfsarbeiten, weil nur das an diesen Projekten möglich ist.

Abschließend kann das Votum einer Schule für unseren Bericht übernommen werden:
„Vor der Einleitung der Praxistage wäre eine Analyse der bestehenden Betriebsorientierungsansätze sinnvoll gewesen. Das hätte mehr Vertrauen in die Autonomie und Fähigkeiten der Schule gebracht, aber auch das Engagement zur Zielerreichung wesentlich erhöht."

Die Diskussion um die Begründung und Rechtfertigung von Betriebspraktika (hier noch verstärkt in der Richtung der Praxistage) darf nicht als beendet gelten. Immer wieder müssen angeblich positive Ergebnisse kritisch geprüft werden, immer wieder sind die Grenzen der Leistungsfähigkeit dieser Simulationsmethode zu testen. Skepsis gegenüber einer Praxisorientierung in der Schule ist deshalb angebracht und wachzuhalten, da nicht erwiesen ist, dass die gesteckten Ziele im Hinblick auf die Interessen und Bedürfnisse der Schüler auch wirklich in dieser Form erreicht werden können.

Die Vorbereitung von Praktika beschränkt sich zum großen Teil auf organisatorische Maßnahmen, die man auch auf Schüler verlagern kann (z.B. Selbstsuchen eines Praktikumsplatzes). Das wird dann oft als didaktische Maßnahme kaschiert zur Einübung von Selbständigkeit in praktischen Dingen.
Damit sind jedoch die eigentlichen Probleme der Realbegegnungen nicht aus der Welt geschafft. Kahsnitz sieht das sehr deutlich, wenn er skeptisch gegen-

über den häufigen Erfolgsmeldungen aus diesem Bereich bleibt, die meist einer näheren Betrachtung nicht standhalten.

Aus der Erkenntnis, dass etwa die technische oder wirtschaftliche Funktionsweise eines Betriebes heute zunehmend nicht mehr anschaulich ist, haben Unternehmen vielfach Konsequenzen gezogen, die dem Bedürfnis nach Ergründungen in der Öffentlichkeit und an Schulen zwar Rechnung tragen, den unmittelbaren Zugang zur Realität aber längst durch die Informationsmöglichkeit an Wirklichkeitssurrogaten ersetzt haben. Bevor spezielle, im Prinzip austauschbare Betriebsteile besichtigt werden, wird an Modellen, in Bildern, Referaten oder Filmen vorweg die nicht unmittelbar erfahrbare Funktionsweise des Betriebes vereinfacht erläutert, so z.B. in Raffinerien, bei der Forschung von CNC-gesteuerten Anlagen. Damit ist man wieder bei einem schulischen Lernprozeß, allerdings in einem außerschulischen Lernort mit fremden Instruktoren.

Es stellt sich die Frage, ob nicht die meisten der mit Erkundungen verbundenen Ansprüche (das gilt auch für Praktika) durch Medien innerhalb der Schule sehr viel besser eingelöst werden können. Dass die Chancen in der heutigen Arbeitswelt geringer geworden sind, über unmittelbare Anschauung und Tätigkeit zu Verallgemeinerungen zu gelangen, die informativ und wissenschaftlich zustimmungsfähig sind, zeigt sich u.a. auch in der Berufsausbildung, die zunehmend in die vom Produktionsprozeß abgelösten Werkstätten und Kurse verlagert wird.

Die Verfechter der durchgeplanten Erkundungen (das gilt auch für Praktika) unterstellen ein unproblematisches Verhältnis zwischen Wahrnehmung und den in den Lehrplänen vorgesehenen Verallgemeinerungen. Sie übersehen damit nicht nur die wissenschaftslogischen und methodischen Probleme, die zu lösen sind, wenn Beobachtungen (Daten) und Verallgemeinerungen (Allaussagenhypothesentheorie) in mehr als beliebiger Weise verknüpft werden sollen. Sie übersehen auch den Status der meisten sozialwissenschaftlichen Aussagen, die eher unpräzisen Formulierungen der meisten Behauptungen, desgleichen Vorliegen konkurrierender Hypothesen und Paradigmen, tendenziell zunehmende Komplexität von Aussagen, die eher korrelativen statt kausalen Zusammenhänge in diesen Aussagen. Die Eigenschaften machen eine problemlose Veranschaulichung von Wissenschaft, die Verbindung von Theorie und Praxis mit Hilfe von Erkundungen (Praktika) illusorisch: die Reichweite von Erkundungen (Praktika) ist sehr viel geringer.

Beobachtungen, Erfahrungen in der Praxis kann man erst zu Verallgemeinerungen bestimmen, wenn man ein theoretisches, d.h. begrifflich klares Gerüst hat, um die Erscheinungen ordnen zu können. Genau das liefert die praktische Anschauung nicht. Praktische Anschauung und Tätigkeit in der Praxis verstellt den Blick für Zusammenhänge. Wenn ich nur mit der Praxis konfrontiert werde, erlebe ich nicht Realität, d.h. ich werde eingebunden in die Realität, ohne ihre Begründung, ihre Zusammenhänge und ihre Entstehungsgeschichte zu sehen. Das muß dann Theorie leisten. Es ist wichtig, dem jungen Menschen diese Klarheit zu verschaffen.

Die Wahrnehmung von Sachverhalten im pädagogisch umstrukturierten Praxisfeld Betrieb bedeutet nicht in jedem Falle Lernen. Ereignisse werden dadurch zum Bestandteil des Wissens eines Individuums, dass es einzelne wahrgenommene Ereignisse in bildhaften Zusammenhängen und Abfolgen interpretiert und diese als in sich stimmige Beschreibung sprachlich fassen kann.[1] Das heißt, Lernen erfolgt über die kognitive Verknüpfung von wahrgenommenen singulären Ereignissen, Tatbeständen, Daten = Einzelaspekten. Es ist das Ergebnis einer geistigen Verarbeitung von Wahrnehmungen, die ihrerseits durch immer schon vorhandene „Erfahrungsmuster" geprägt werden. Erst unter dieser Voraussetzung können praktische Tätigkeiten in Betrieben Lernprozesse auslösen. Die bloße Konfrontation mit Wahrnehmung von Einzelaspekten in der Wirklichkeit ist noch kein Lernen, sondern lediglich eine Voraussetzung dazu. Lernende kommen in der Regel dann nicht zu einem Wissenszuwachs, wenn sie in „neue Situationen" gestellt werden. Denn dann werden sie kaum in der Lage sein, die Zusammenhänge zwischen wahrgenommenen Einzelaspekten kognitiv herzustellen.

Es ist schwierig, einen direkten Lerneffekt durch praktische Tätigkeiten im Betrieb im vollen Umfang zu erreichen.
Man kann froh sein, wenn in diesen Prozessen praktischen Arbeitens die Betroffenen zu singulären Erfahrungen kommen. Komplexe Lernprozesse können weder durch praktische Arbeiten noch durch Erkundungen praktischer Arbeitsstätten abgedeckt werden.

---

[1] vgl. Gerdsmeier, Gerhard, Polytechnische Bildung in der Sekundarstufe I, in: Schoenfeldt, Eberhard (Hg.), Polytechnik und Arbeit, Bad Heilbrunn 1979, S. 205

Literaturverzeichnis

Abel, Heinrich
    in: Gutachten des Deutschen Ausschusses, in: Hendricks, a.a.O.
Bastian, Johannes/Compe, Arno/Hellmer, Julia/Wazinski, Elisabeth
    Zwei Tage Betrieb – drei Tage Schule, kartoniert, Bad Heilbrunn 2007,
Beilhartz, Axel/Reiberg, Ludger/Wohlgemuth, Rita
    Das Jahrespraktikum, eine Brücke in die Ausbildung, in: Jörg Schudy
    (Hg.) Berufsorientierung in der Schule, Bad Heilbrunn 2002
Beinke, Lothar
    Das Betriebspraktikum, Bad Heilbrunn 2. Aufl. 1978
Ders. (Hg.)
    Betriebserkundungen, Bad Heilbrunn 1980
Ders.
    Berufswahlunterricht, Bad Heilbrunn 1992
Ders.
    Internetrecherchen – ein Instrument zur Berufsorientierung, Frankfurt
    2008
Ders./Richter, Heike/Schuld, Elisabeth
    Bedeutsamkeit der Betriebspraktika für die Berufsentscheidung, Bad
    Honnef 1996
Berzog, Thomas
    Beruf fängt in der Schule an, in: BIBB prax S, 4/2004
Blankertz, Herwig
    Die Stellung des Unterrichtsmodells Betriebspraktikum für Schüler inner-
    halb einer Entwicklung der Didaktik der Arbeitslehre, in: Betriebsprakti-
    kum für Schüler, herausgegeben von Georg Groth/Ilse G. Lemke/Peter
    Werner, Weilheim/Berlin/Basel 1971
Duismann, Gerhard H.
    Holt die (betriebliche) Arbeitspraxis die Arbeitslehre ein? In: GATWU –
    Forum, 2/2003
Erpenbeck, John/Heye, Volker
    Die Kompetenzbiographie, Münster, New York, München, Berlin 2007
Feldhoff, Jürgen u.a.
    Projekt Betriebspraktikum, Düsseldorf 2. Aufl. 1987
Frankiewicz, Heinz
    Erfahrungen bei der Gestaltung der produktiven Arbeit der Schüler im
    Betrieb unter den Bedingungen des wissenschaftlich-technischen Fort-
    schritts, in: Jahrbuch, a.a.O.
Fürstenberg, Friedrich
    Normenkonflikte beim Eintritt in das Berufsleben, in: Luckmann, Tho-
    mas/Sprondel, Walter Michael (Hg), Berufssoziologie, Köln 1972

Gerdsmeier, Gerhard
    Die Betriebserkundung in der didaktischen Diskussion, in: Beinke, Lothar
    (Hg.), Betriebserkundungen, Bad Heilbrunn 1980
Ders.
    Polytechnische Bildung in der Sekundarstufe 1, in: Schoenfeld, Eberhard
    (Hg), Polytechnik und Arbeit, Bad Heilbrunn 1979
Giesecke, Hermann
    Wozu ist die Schule da? Stuttgart 1996
Groth, Georg/Werner, Peter
    Die Zukunft des Unterrichtsmediums Betriebspraktikum für Schüler, in:
    Betriebspraktikum für Schüler, Weinheim/Berlin/Basel 1971
Hampel, G.
    Die Funktion der Arbeitslehre in Schule und Lehrerbildung, in: Braak, Ivo
    (Hg.), Itzehoe, Berlin 1970
Hedtke, Reinhold
    Das unstillbare Verlangen nach Praxisbezug, zum Theorie-Praxis-Problem
    der Lehrerbildung am Exempel schulpraktischer Studien, in: Schlösser,
    Hans Jürgen, Berufsorientierung am Arbeitsmarkt, Berg. Gladbach 2000
Hendricks, Wilfried
    Arbeitslehre in der Bundesrepublik Deutschland, Ravensberg 1997
Hübner, Manfred/Windels, Gerold
    Schülerfirmen und Praxistage, in: Jung, a.a.O.
Jahrbuch der Akademie der Päd. Wissenschaften
    der Deutschen Demokratischen Republik 1983 Volk und Wissen,
    Volkseigener Verlag,   Berlin, 1983
Kaminski, Hans
    Problemfelder für die Entwicklung der ökonomischen Bildung im Deut-
    schen allgemein bildenden Schulwesen, in: ders./Krol, Gerd-Jan (Hg.),
    Ökonomische Bildung, Bad Heilbrunn 2008
Kohl, Steffi/Sachs, Conrad
    Polytechnischer Unterricht in der DDR, Hamburg 2000
Müllges, Udo
    Der Berufsweg in der Industriegesellschaft, in: DBFSch 5/1967
Münch, Joachim
    Berufsbildung und Berufsbildungsreform in der Bundesrepublik Deutsch-
    land, Bielefeld 1971
Niedersächsisches Kultusministerium, Erlaß vom 12.02.2007
    Grundsatzerlaß zur Arbeit in der Hauptschule des niedersächsischen MK
    vom 3. Februar 2004
Oelkers, Jürgen
    Theorie der Erziehung, Weinheim/Basel 2001

Ohse, Nicole
Qualitätsanforderungen an Schulabgänger, in: Unterricht – Wirtschaft 1/2005
Ott, Heinz K.
Die Bedeutung der betriebswirtschaftlichen Dimension in: Golas, Heinz G., Didaktik der Wirtschaftslehre, München 1973
Schneidewind, Klaus
Orientierungsmuster – Voraussetzung für ein Lernen im Betrieb, in: Schneidewind/Johansson (Hg.), Das betriebspraktische Seminar, Düsseldorf 1984
Spranger, Eduard
Umbildungen im Berufsleben und in der Berufserziehung, in: Die Berufliche Ausbildung, Bern, 3. Jg. 1950, S. 41-47
Sratmann, Karlwilhelm
Berufsausbildung auf dem Prüfstand: zur These vom „bedauerlichen Einzelfall", in: ZfPäd 5/1973

Anhang

Dr. Lothar Beinke
Univ. Professor em.

Universität Gießen
FB Sozial- und Kulturwissenschaften
Berufspädagogik und Didaktik der Arbeitslehre
49074 Osnabrück, Humboldtstr. 48
T 0541/23 228
F 0541/8 003 428
E-mail: Prof.dr.lothar.beinke@osnanet.de
Homepage: www.lothar-beinke.de

Liebe Schülerinnen und Schüler,

mit dieser kurzen Befragung möchten wir versuchen herauszufinden, ob und wie sich die neu eingerichteten Betriebs- oder Praxistage bewährt haben. Das Kultusministerium hat – so haben wir das verstanden – zunächst eine Probephase eingeführt, in der die Schulen mithelfen sollten, eine möglichst günstige form dieser Erprobungsmöglichkeiten in Betrieben oder anderen Praxiseinrichtungen zu finden.

Wir haben auch an Eurer Schule bereits früher Befragungen durchgeführt, um für Schüler/Schülerinnen die Berufswahlchancen verbessern zu helfen. Deshalb wären wir Euch auch diesmal sehr dankbar, wenn Ihr uns wieder helfen könntet.

Mit freundlichem Gruß
gez. Dr. Beinke

P.S. Natürlich ist – wie in allen Befragungen vorher – die Information absolut vertraulich, sie wird nur für die oben genannten Zwecke verwendet, die Teilnahme ist freiwillig, die Antworten sind nur mit zugänglich, sie werden nach Auswertung bei mir sicher aufbewahrt.

Schülerfragebogen – Praxistage

Wenn ihr während der Praxistage in Betrieben wart, konntet ihr diese selbst auswählen? Bitte macht ein Kreuz, wo es für euch zutrifft.

☐ ja   ☐ nein

Waren es ein oder mehrere Betriebe?

☐ ein Betrieb   ☐ bis drei Betriebe   ☐ vier und mehr Betriebe

Wie viele Tage wart ihr pro Woche in je einem Betrieb?

☐ einen Tag   ☐ zwei Tage   ☐ drei und mehr Tage

Wie viele Tage dauert eure Betriebstätigkeit?

Schreibt bitte die Zahl hier auf:

Welche Arbeiten mußtet/durftet ihr machen?
Schreibt das bitte ebenfalls hier auf

Welche Berufe konntet ihr kennenlernen?
Schreibt die Berufe bitte hier auf

Waren die Stunden der Praxistage geblockt?   ☐ Ja   ☐ Nein

(Waren z.B. Praktika durchgeführt, die eine oder mehrere Wochen dauerten – berücksichtigt bitte das allgemeine Betriebspraktikum besonders)

Fielen für die Praxistage Unterrichtssunden aus?

☐ ja   ☐ nein

Gab es Abstimmungen zwischen den Betrieben, an denen ihr Praxistage durchführen konntet? (Wußten die Betriebe von den Tagen in anderen Betrieben?)

☐ genau   ☐ etwas   ☐ ungenau   ☐ gar nicht

Antworten der Schüler/Schülerinnen auf die Frage des Schülerfragebogens. Die Frage lautete: „Welche Arbeiten mußtet/durftet ihr machen? Schreibt das bitte ... auf." Der Gesamtauswertung folgt eine Clusterung nach:
- diffusen Antworten
- sehr unbestimmten Aussagen
- ganz einfache Tätigkeiten
- für den Beruf normale Tätigkeiten

Mehrfachantworten wurden gegeben. Eine Reihe von Schülern nannte mehrere Arbeiten.

Beim Gärtner	N	%
Gräber saubermachen, pflastern	1	0,7
Gestecke, Blumensträuße binden	5	3,6
insgesamt		4,3

Landwirtschaftliche Arbeiten		
Arbeiten auf dem Bauernhof	27	19,6
Schweine füttern, Steine sägen, Rolladen montieren	1	0,7
Schweine füttern, Sachen einräumen	1	0,7
füttern, reparieren, Bäume fällen	2	1,4
Kabel legen, Kühe füttern, kochen	1	0,7
Halle fegen, drucken, Stall Aufwischen	1	0,7
Tiere füttern, Etiketten aufkleben	1	0,7
Möbel zusammenbauen, melden	1	0,7
Arbeiten mit Pferden	2	1,4
insgesamt		26,6

Arbeiten im Hotel oder Restaurant		
servieren, bestellen, aufräumen, an der Maschine arbeiten	1	0,7
bedienen, beraten, Hilfstätigkeiten, aufräumen	2	1,4
Essen anreichen, putzen,		

Waren einräumen	2	1,4
putzen, kellnern, Betten machen	1	0,7
insgesamt		4,9

Altenpflege

backen, Handtücher zusammenlegen	1	0,7
Beschäftigung mit alten Menschen	1	0,7
backen, alten Leuten helfen	1	0,7
insgesamt		2,1

Beim Arzt

Patienten betreuen, aufräumen, um die Post kümmern	1	0,7
helfen beim Blut abnehmen, Karteikarten sortieren	1	0,7
insgesamt		1,4

KFZ-Werkstatt

Wartungs- und Reparaturarbeiten am Auto	1	0,7
fegen, Felgen waschen, Reifen wechseln	2	1,4
insgesamt		2,1

Im Kindergarten

mit Kindern spielen	8	5,8
Computerarbeiten, mit Kindern spielen, backen	1	0,7
insgesamt		6,4

Diffuse und allgemeine Antworten

Service	5	3,6
Küchentätigkeiten	1	0,7
Regale putzen, Brötchen backen, Strähnchen färben	1	0,7

flexen, füttern, richten	1	0,7
Bürotätigkeiten	1	0,7
Ordnung halten	10	7,2
kochen, backen, Babysitten, aufräumen	3	2,2
Fernseher reparieren	1	0,7
in der Mühle und Flüssigabteilung	1	0,7
alles Kunden bedienen	4	2,9
zeichnen, Böden schleifen	1	0,7
Geländer einölen	1	0,7
saubermachen, Bürohilfe, Maurerhilfsarbeiten	1	0,7
Metallarbeiten	2	1,4
Frachtbriefe schreiben und drucken, Lagerarbeiten	1	0,7
mit Strom arbeiten	1	0,7
am PC arbeiten	3	2,2
Holzarbeiten	3	2,2
alles außer kassieren	1	0,7
alles zum Beruf	2	1,4
Kunden beraten, Ordnung halten	1	0,7
insgesamt		32,1

Sehr unbestimmte Aussagen:

Arbeiten auf dem Bauernhof	27	19,6
Arbeiten mit Pferden	2	1,4
Beschäftigung mit alten Menschen	1	0,7
Möbel zusammenbauen/melden	1	0,7
servieren/bestellen/aufräumen/ an der Maschine arbeiten	1	0,7
bedienen/beraten/Hilfstätigkeiten/ aufräumen	2	1,4
mit Kindern spielen	8	5,8

Ganz einfache Tätigkeiten

Gräber saubermachen, pflastern	1	0,7
Essen anreichen/putzen/Waren einräumen	2	1,4
insgesamt		14,4

Für den Beruf normale Tätigkeiten

Gestecke, Blumensträuße binden	5	4,6
Tiere füttern/Etiketten aufkleben	1	0,7
Schweine füttern/Sachen einräumen	1	0,7
„ /Steine sägen/Rolladen montier.	1	0,7
Kabel legen/Kühe füttern/kochen	1	0,7
Halle fegen/drucken/Stall		
aufwischen	1	0,7
putzen/kellnern/Betten machen	1	0,7
backen/Handtücher zusammenlegen	1	0,7
backen/alten Leuten helfen	1	0,7
Patienten betreuen/aufräumen/		
um die Post kümmern	1	0,7
helfen beim Blut abnehmen/Kartei-		
Karten sortieren	1	0,7
fegen/Felgen waschen/Reifen wechseln	2	1,4
Computerarbeiten/mit Kindern		
spielen/backen	1	0,7
füttern/reparieren/Bäume fällen	2	1,4
insgesamt		15,1
Scheißarbeit	1	0,7
nichts	12	8,7
keine Antwort	14	10,1
insgesamt		19,5

Antworten der Schüler/Schülerinnen auf die Frage 6 des Schülerfragebogens. Die Frage lautete: „Welche Berufe konntet ihr kennenlernen? Schreibt die Berufe bitte hier auf." Der Gesamtauszählung folgt eine Clusterung nach:
- Handwerk
- Dienstleistung
- Landwirtschaft
- Andere

	N	%
keine Antwort	6	4,3
Gartenbau u. Einzelhandel	4	2,9
Einzelhandel	20	14,5
Bäcker	2	1,4
Kellner	4	2,9
Bäuerin, Apothekerin, Verkäuferin	1	0,7
Landwirt, Pferdewirt, Erzieherin	2	1,4
Kfz-Mechatroniker	2	1,4
Landwirt, Elektriker	1	0,7
Bürokaufmann, Landwirt, Zimmermann	1	0,7
Bäcker, Gärtner	1	0,7
Tischler	2	1,4
Restaurantfachmann, Koch	1	0,7
Landwirt, KFZ-Mechaniker, Metallbauer	1	0,7
Landwirt, KFZ-Mechaniker, Tischler	1	0,7
Landwirt, Schlosser, Zimmermann	1	0,7
Schlosser, Elektriker, Landwirt	1	0,7
Verkäuferin, Erzieher	3	2,2
Rechtsanwaltsgehilfe	1	0,7
Kindergärtnerin, Hotelfachfrau, Kellnerin	1	0,7
Buchbinderin, Hotelkauffrau	1	0,7
Altenpflegerin, Einzelhandelskauffrau	1	0,7
Restaurant- u. Hotelfachfrau	3	2,2
Erzieher	7	5,1
Graphiker, Einzelhandel	1	0,7
Altenpflegerin, Kosmetikerin	1	0,7
Bäuerin, Frisörin, Einzelhandelskauffrau	2	1,4
Tischler, Landwirt, Bauzeichner, Mechatroniker	1	0,7
Altenpflegerin, Bäckerin, Bäuerin	1	0,7
Erzieherin, Landwirtin, Verwaltung, Industriekauffrau	1	0,7

Bauer, Tischler, Maurer, Lagerfacharbeiter	1	0,7
Tischler, Bauer, Gas-Wasser-Installateur, Elektroniker	1	0,7
Tischler, Bauer, Kfz-Mechatroniker	1	0,7
Bademeister	1	0,7
Landwirt, Landmaschinenschlosser, Wasserbauer	1	0,7
KFZ, Landmaschinenmechaniker, Landwirt, Altenpfleger	1	0,7
Koch, Elektriker, Landwirt Gas-Wasser-Installateur	1	0,7
Altenpfleger, Bauer, Drucker, Tischler	1	0,7
Bauer, Maurer	1	0,7
Schweißer, Maschinentechniker	1	0,7
Fachkraft für Lagerlogistik, Speditionskaufmann	2	1,4
Landwirt, Wasserbauer, Verkäufer	1	0,7
Einzelhandel, Mechatroniker	2	1,4
Erzieherin, Tierarzthelferin	1	0,7
Landwirt	28	20,3
Gärtner	1	0,7
gar keinen	1	0,7
Hausmann	1	0,7
Bauer, Einzelhandel	1	0,7
Packhilfe	1	0,7
Floristin	4	2,9
Fachkraft f. Gewürztechnik	1	0,7
Apothekenhelferin	1	0,7
Arzthelferin	4	2,9
Frisörin	2	0,7
Landmaschinenschlosser	1	0,7
Groß- und Einzelhandelskaufmann	1	0,7
Großhandelskaufmann, Kfz-Mechatroniker	1	0,7
insgesamt	139	100,0

Zusammengefaßt:

Handwerk

Bäcker	2	1,4
Kfz-Mechatroniker	2	1,4
Bäcker, Gärtner	1	0,7
Tischler	2	1,4
Restaurantfachmann, Koch	1	0,7
Drucker/Tischler	1	0,7
Schweißer/Maschinentechniker	1	0,7
Einzelhandel/Mechatroniker	2	1,4
Gärtner	1	0,7
Floristin	4	2,9
Fachkraft f. Gewürztechnik	1	0,7
Apothekenhelferin	1	0,7
Landmaschinenschlosser	1	0,7
insgesamt	20	14,4

Dienstleistung

Kellner	4	2,9
Verkäuferin/Erzieher	3	2,2
Rechtanwaltsgehilfe	1	0,7
Kinderg./Hotelfachfrau/Kellnerin	1	0,7
Buchbinderin/Hotelkauffrau	1	0,7
Altenpfl./Einzelhandelskauffrau	1	0,7
Restaurant- u. Hotelfachfrau	3	2,2
Erzieher	7	5,1
Graphiker/Einzelhandel	1	0,7
Altenpflegerin/Kosmetikerin	1	0,7
Bademeister	1	0,7
Erzieherin/Tierarzthelferin	1	0,7
Packhilfe	1	0,7
Arzthelferin	4	2,9
Frisörin	2	1,4
insgesamt	32	23,0

Landwirtschaft

Bäuerin/Apothekerin/Verkäuferin	1	0,7
Landwirt/Pferdewirt/Erzieherin	2	1,4
Landwirt/Elektriker	1	0,7
Bürokaufmann/Landwirt/Zimmermann	1	0,7
Landw./Kfz-Mechaniker/Metallbauer	1	0,7
Landw./Kfz-Mechaniker/Tischler	1	0,7
Landw./Schlosser/Zimmermann	1	0,7
Schlosser/Elektriker/Landwirt	1	0,7
Bäuerin/Frisörin/Einzelhandelskauffrau	1	0,7
Tischler/Landwirt/Bauzeichner/Mechatroniker	1	0,7
Altenpflegerin/Bäckerin/Bäuerin	1	0,7
Erzieherin/Landwirtin/Verw./Industriekauffrau	1	0,7
Bauer/Tischler/Maurer/Lagerfacharbeiter	1	0,7
Tischler/Bauer/Gas-Wasser-Inst./Elektro	1	0,7
Tischler/Bauer/Kfz-Mechatroniker	1	0,7
Landwirt/Landm.schlosser/Wasserbauer	1	0,7
Landwirt/Altenpfleger	1	0,7
Koch/Elektriker/Landw./Gas-Wasser-Inst.	1	0,7
Altenpfleger/Bauer/Drucker/Tischler	1	0,7
Bauer/Maurer	1	0,7
Landwirt/Wasserbauer/Verkäufer	1	0,7
Landwirt	28	20,3
Bauer/Einzelhandel	1	0,7
insgesamt	51	36,7

Andere

Gartenbau und Einzelhandel	4	2,9
Einzelhandel	20	14,5
Fachkraft f.Lagerlogistik/Speditionskaufmann	2	1,4
Hausmann	1	0,7
Groß-u.Einzelhandels-Kaufmann	1	0,7
Großhandelskaufmann/Kfz-Mechatroniker	1	0,7
gar keinen	1	0,7
keine Antwort	6	4,3
insgesamt	36	25,9

Peter Lang · Internationaler Verlag der Wissenschaften

Lothar Beinke

Das Internet – ein Instrument zur Berufsorientierung Jugendlicher?

Frankfurt am Main, Berlin, Bern, Bruxelles, New York, Oxford, Wien, 2008.
123 S.
ISBN 978-3-631-57764-6 · br. € 19.80*

Die Studie beschäftigt sich mit der Brauchbarkeit der Informationen, die Jugendliche im Prozess der Berufswahl den speziellen Datenbanken entnehmen. Das Internet steht dabei in Konkurrenz mit den bisherigen Informationsgebern – Eltern, Peergroups, Betriebspraktika und Informationszentren. Helfen die zusätzlichen Informationen bei den Jugendlichen bisherige Lücken zu schließen oder steigern sie lediglich die Datenflut, die letztlich die Unsicherheit vor der Berufsentscheidung erhöht? Die Schüler verfügen zwar überwiegend über eigene Computer mit Internetzugang und nutzen sie auch. Sie widmen diesem Medium aber keinen Vorzug. Es ist für sie eine Möglichkeit, Informationen zu ergänzen. Diese Ergänzung kommt jedoch ohne strukturierende Hilfen durch die Schule nicht aus. Sollten sich die Schulen dieser Unterstützung allerdings annehmen, ist mit einer wirksamen Entscheidungsfindung für einen Beruf zu rechnen.

Aus dem Inhalt: Integrierte Berufsorientierung · Lehrer als Berufsberater – qualifiziert? · Informationsbeschaffung als Instrument der Berufsorientierung · Ergebnisse der Internetrecherche · Geschlechtsspezifische Differenzierungen · Schulformspezifische Differenzierungen · Die Print-Informationen · Befragung zur Internetnutzung

Frankfurt am Main · Berlin · Bern · Bruxelles · New York · Oxford · Wien
Auslieferung: Verlag Peter Lang AG
Moosstr. 1, CH-2542 Pieterlen
Telefax 00 41 (0) 32 / 376 17 27

*inklusive der in Deutschland gültigen Mehrwertsteuer
Preisänderungen vorbehalten
Homepage http://www.peterlang.de